駄田井　正

成長から成熟へ

日本的文化資本の創造

EHESC(文化科学高等研究院)出版局

知の新書
J03

目次

プロローグ　人類存亡の危機

人類はかつてない繁栄を極めているが、その反面、存続の危機にあると考える人も少なくない。その要因として、ジャレド・ダイヤモンドは、⑴核の脅威、⑵気候変動、⑶資源の枯渇、⑷経済格差、をあげているが[1]、異論のないところである。日本社会ではこれに過密過疎化を加えるべきだろう。もっとも、過密過疎化に並行する都市化の進行は、⑵〜⑷の要因に深くかかわるので、日本だけの問題ではない。

地球環境の悪化

家の中で自分の身の回りを見れば、家電などの文明の利器に囲まれ生活している。そして物があふれ片づけるのも大変だ。寒い日は暖房し、暑い日は冷房する。一日でも相当のゴミがでる。

1 鶴原（2021, p.228-237）。

一歩外に出ると道路には自動車があふれている。どれもが忙しそうに走っている。それで交通事故になり、毎年三〇〇〇人弱が死亡し、八万人弱が負傷する。東日本大震災では一万八四二五人、阪神淡路大震災では六四三四人の犠牲者が出ている。これと比較しても大きな数字だ。もっとも二〇二一年の自殺者は二万八三〇人でこれには及ばない。物があふれる社会でおかしな現象だ。

食べすぎと運動不足が原因で肥満が現在人の悩みの一つになっている。肥満度はBMIで計算されるが、それは体重（kg）を身長（m）の二乗で割ったもので、二五以上が肥満とされる。個人差なども考慮されなければならないので、この測定方法にどれだけ合理性があるか私にはよく分からない。しかし、この基準によると日本では男性の三割、女性の二割が肥満と判定されている。アメリカ合衆国では実に七割が肥満にあたるようだ。それでも連日、テレビ・ラジオ・新聞・雑誌やインターネットなどを通して、美味しいものを宣伝して人々の食欲を刺激している。このようなデータがあるので、少なくとも、ハンバーガーやビフテキなどアメリカ経由の食べ物の宣伝には乗らない方が賢明だと思う。

現代人を運動不足にしている最たる原因は、交通手段が便利になったことで、通勤・通学・買い物などで歩かなくなったことにある。鉄道・バスさらにはマイカーを利用することで、通勤・

通学などの移動時間を短縮できるようになった。それはそれで結構なことだが、運動不足になるわけで、それをつぐなうためにスポーツジムなどに通い、時間とカネを費やす。

現在世界の人口が八〇億に達しようとして、そのうち約一〇％の人が一日一・九〇ドル（購買力平価換算）以下の極貧生活をしている。健康・教育・育児などの面で、人間的な生活が可能な所得が得られているかの判断基準である多次元貧困指数（MPI）でみると、約二〇％近くの一三億の人が貧困ライン以下にいる。その一方で労働所得の五〇％を一〇％の人が得ていると言われる。したがって、世界の一部の富裕な国々の生活スタイルが地球環境を悪化させていると言えるだろう。そしてそれが一層貧困層の生活を脅かしている。

一九七三年一〇月の中東の産油国が原油価格を七〇％引き上げるのに始まったオイルショックは、経済成長がもたらす資源の枯渇と地球環境悪化に警鐘を鳴らす大きな契機となった。しかしながらオイルショック以後、世界経済はインフレーションと不況が同時進行するスタグフレーションに襲われ、ソ連崩壊など政治上の大事件や通貨危機など経済危機に見舞われ、各国政府も民間企業も環境問題に本気で取り組まなかったといえる。

しかしそれから五十年を経過し、地球環境の問題はますます深刻化している。現在経済成長が著しい中国は、一九七〇年代には文化大革命のあおりでまだ本格的に経済成長の途についていなかった。文化大革命の桎梏から解き放れて解放改革にとりかかった中国は、現在日本を抜いて世界第二位の経済大国になるまで成長している。

中国人民が経済的に豊かになること自体喜ばしいことであるが、環境の悪化にみまわれることになった。かつて「北京晴天」と称賛された北京の澄んだ青空を今見れることはまれである。中国だけでなく、インド、インドネシアなど人口の多い発展途上の国が経済成長するにつれて、地球環境の悪化は加速化する。

経済成長がもたらす副作用、副作用という生やさしい表現で済む問題ではないかも知れないが、産業廃棄物、家庭での廃棄物（名前をかえた産業廃棄物であるが）、人体や生物に直接影響する工場や自動車などからの有害な排ガス、CO_2など地球温暖化ガスなどは、地球の生態系を狂わしている。その結果、二〇二一年現在全世界で三万七四〇〇種以上が絶滅危惧種に指定されている。身近な生活空間でも、ヘビやカエルなど道端で普段見られたものがほとんど見られなくなった。

もっとも、人間の行為がもたらす生態系への影響は、長い年月を経れば新しい生態系バランスを生み出すかもしれない。しかし、その新しい生態系バランスに人類が適応できるまで生き延びられるかははなはだ疑問である。ＳＦ映画『猿の惑星』の世界が現実のものになるかも知れない。もっとも危惧される事態は、永久凍土の溶解など手づかずの自然が破壊されることで、人類が免疫を持たない細菌やウイルスが現れることだ。そのような病原菌が現れるたびに、コロナ感染症のように世界が混乱することになる。あるいはもっと深刻な事態が生じるかも知れない。

資源の枯渇についても、リサイクル技術の発達、再生可能エネルギーや資源の開発、未利用資源の利用などで、解決できるかもしれないし、解決できないかも知れない。解決できなければ国家間の激しい資源争奪競争になる。特に水資源が最も重要な資源になると想定されるが、そうなれば領土獲得闘争の悪夢が再現し、核の脅威が如実のものになるだろう。実際に核を使用しなくても、ウクライナ攻撃でプーチン大統領のような脅し合いになると、安倍元首相のような政治家もあらわれ、非核武装国も核兵器を持とうとするようになるだろう。核武装する国が増加するほど、核戦争が偶発的に発生する確率は確実に増加する。

経済格差

現在社会の経済成長がもたらす副作用のもう一つは、経済格差の拡大である。経済格差を副作用とすることには、奇異の感に打たれる人もいると思うが、それは現在の資本主義経済における生産構造がもたらすものである。

資本主義経済と言っても多面的側面があるので一口で説明できないが、生産構造からみると資本を重用した生産方法であるといえる。資本の概念には多くのものが含まれるが、生産工程に限定すると生産設備・機械などの固定資本がもっとも重要な役割を果たす。人類の歴史でこの生産方法が圧倒的に普及しだしたのは、十八世紀にイギリスで始まった産業革命からである。いわゆる工業社会が到来してからである。

工業化以前の生産方法では、簡単な道具で人間が製品を造る手工業が主で、熟練した技術が必要で、人間の労働が生産の場の主役であった。精巧な機械が導入されるにつれて、動力として石炭・石油など化石エネルギーが使われるようなって、人間の労働が生産の場の主役から降板することになる。人間は道具や機械を使う立場から、人間が機械に使われる立場に替わったのである。そしてロボットとＡＩによるオートメーションがすすむにつれて、人間そのものがますます生産工程の場で不要になってきている。

この工業型生産方式が農業にも導入され普及すると、広大な農地もわずかな人数で運営されるようになる。したがって、経済が発展するにつれて、産業構造を就業者数でみると、第一次産業と第二次産業の割合が小さくなり、第三次産業が圧倒的割合を占めるようになる。現在の先進的経済圏では八〇％以上の人が第三次産業に従事している。

有形の物を生産する第一次産業・第二次産業と異なり、第三次産業は眼に見えない無形のものであるサービスを提供する分野であり、もともと機械化が難しい分野であり、人間が主力となる最後の砦であった。しかし、エレクトロニクス革命はこの最後の砦をも陥落させる勢いである。

コンピュータが普及することで情報処理能力が格段に向上し、単純な事務処理に従事する人を減少させた。ＡＩ技術の発展はさらに専門的なホワイトカラーの職業、例えば会計士、弁護士、教師、医師の職も半分ぐらいは奪うことになるだろうとの予測もある。[2] 優れたロボットが開発されるにつれて、ウェイター・ウェイトレスの職も奪われることになるかも知れないが、何とも味気のないことになるだろう。

このように物の生産においてもサービスの提供においても資本が圧倒的な役割を担うことになってくると、生産活動の成果は資本を所有する者（＝資本家）の手に多くが渡るようになる。資本は国境を越えて利潤を求めるので、世界全体において経済格差が生じてくる。

世界的なブームとなった『二十一世紀の資本』(2014) を著したフランスの経済学者トマ・ピケティらが「世界不平等研究所」を創設し、以下のような報告を出している。（西日本新聞二〇一二年一二月二七日）

2　鈴木貴博 (2017)、井上智洋 (2016) など参照。

(1) 世界全体の個人資産のうち、世界上位一％の富裕層の占める割合は二〇二一年三七・八％、下位五〇％は二％。
(2) 世界全体で過去三十年間に増えた資産の三〇％を上位一％が得た。
(3) 上位一％の二酸化炭素排出量が全体の一七％を占める。（このことだけでも富裕税を課税する根拠に充分である。）
(4) 労働で得られた収入全体のうち、女性の収入が占める割合は三五％にとどまっている。

ピケティの仕事は、何故経済格差が拡大するのかについての理論的説明は不十分であるが[3]、経済格差が拡大していることについて警鐘を鳴らし、人々の心に響かせたことの意義は小さくない。社会に大きな経済格差があること自体が、所属するすべての人々の幸福を実現するという人間社会の正常なあり方に反しているばかりでなく、社会を不安定にする。充分な所得が得られないことで日々の生活に追われると、他者を気遣う余裕を失い、社会の不条理を地道な努力で改革しようとする余力も失う。そしてポピュリズムの台頭となる。

社会的不平等が拡大している状況では、自分達の境遇を改善できない政治家やエリート層を無能と決めつけ、倫理的、道徳的に批判する。そして原理主義的な傾向をおびてきて、自分達

3　本書 Appendix【駄田井（2015)】、および福井（2015）など参照。

と異なる意見に耳を貸さず、自分達の考えに反する事実を見ようとはしない。自分達の聞きたいことを聞き、見たいことを見て、社会的分断が生じる。
そして、自分達が欲することを成し遂げようとして、ラジカルなアウトサイダー的な政治家を支持し権力の座に押し上げ、トップダウンで政治を刷新しようとする。経済格差が拡大すると、民主主義的政治が定着している国家でもこのようなことが起こる。アメリカ合衆国でトランプ氏が支持される背景であり、同時に、古代ギリシアのアテネの民主政が僭主政に陥った背景でもある。[4]
ポピュリズムが権力の座に押し上げるアウトサイダー的政治家は、もともとサイコパス的な権力耽溺者で他人を自分の権力に従わせたい傾向があり、権力の座につくことで権力の魅力にとりつかれるようになると、社会はさらに混乱する。彼が行う政策が行き詰るとあえて敵をつくり出し、支持者をつなぎとめようとする。国内に敵がいなくなると、国際的な緊張を高め国外に敵をつくり、権力の座に居続けるために戦争の危機をあおる。人類の歴史はこれら権力を

4　吉田徹 (2021, pp.81-82)。不思議に日本はこうならない傾向があるようだ。司馬遼太郎が述べているように、元来日本人は独裁者を嫌うのか、それとも江戸時代という農業を基盤とした成熟社会を経験しているからだろうか。現状の改革をトップダウン型よりもボトムアップな地道な改良で行うのを好むのだろう。現在では事情が多少ことなるが、以前は、平清盛や織田信長は悪者あつかいで人気がなかった。

耽溺する者の悪行で満ちている［タクマン（2009）］。

現代の世界の主要国で権力に耽溺する指導者が政権を担うと、核の脅威が高まる。核の脅威という観点からすれば、「核拡散防止条約」は核の脅威を取り除くのを目的としているが、奇妙な条約である。この条約は、アメリカ合衆国、中華人民共和国、イギリス、フランスそしてロシア連邦の五カ国以外の国が核兵器を持つことを禁止するものである。この五カ国にとって虫のいい話で、本来ならこの五カ国も核の保有を止めるべきである。自分たちだけが特別で、他の国を従わせようとするのは強者の横暴である。すくなくとも五カ国の持つ核兵器の使用に関しては、適切な国際機関を設立してそれにゆだねるべきでなかろうか。この国際機関にはこの五カ国だけなく、核兵器を保有しない国の代表も含めるべきだろう。

デジタル社会の危険性

古代ギリシアの哲学者アリストテレスは、国は非常に富裕な人々と非常に貧乏な人々の中間の人々が支配者となることが望ましいと考えた。なぜなら、適度な財産を所有する人は、最も理性を持ち、かつ支配されることにも、支配することにも慣れているからだとした。それは現在社会にもあてはまるだろう。中間層は権力に従うことも、権力を行使することにもバランス感覚を持ち合わせていて、経済的にも比較的安定し、社会をボトムアップ的に地道に変革する余力をもつ。

現代社会における経済格差の拡大は、中間層の没落ということで生じている。中間層は、医師・会計士・弁護士・中小企業経営者・教師・研究者・技術者・職人・芸術家・企業の中間管理職などから成り立つ。ロボット・AIが普及するにつれて、これらの分野に属するかなりの人々が職を奪われてきて、経済格差が拡大し、社会が不安定になる。このことがデジタル社会の危険性としてあげなければならないだろう。

第二番目にデジタル社会の危険性として、政府や企業などによる情報管理・情報操作をあげることができるであろう。行政がデジタル化すると、個人は自分の意思とは関係なく、仮想空間の中で真っ先に国に個人の情報を管理され、プライバシーが奪われる。その際、公共サービスのセーフティネットから落ちこぼれると、この社会から疎外される。[堤（2021, p.66）]

また、情報が一か所に集中すると、それだけ外部からの攻撃に弱くなる［堤（前掲 p.76）］。

キャシュレス決済では、企業側に個人の消費行動が把握されるが、消費者は企業の情報を把握できないという情報の非対称性が生じる。この結果、消費者の好みに合う情報のみを提示して選択肢を狭めるという情報操作を行う。

さらにデジタルはボタン一つで簡単に人の行動を止めることができる。よってデジタル通貨は、国民が生きるすべを政府に握られることになりかねない。〔堤（前掲 p.138）〕

第三の危険性として、デジタル化が進むにつれて、人間の思考も白か黒か○か×かのデジタルな思考になり、中間の思考を意識しなくなることである。これはさらに社会を分断に導く。自分と異質な存在を認め、その存在と共生するには、橋渡しとなる中間的な存在が欠かせない。デジタル思考は中間的な存在を無視することになる。人間は対面で触れあうことで初めて、共感を育む脳機能がオンになるので、オンラインによる情報交換が支配的になるに伴い、対面で触れ合う機会が減少するにつれて、事態はさらに深刻になる。〔堤（前掲 p.205）〕

過密過疎化

日本列島は今急速な過疎化にみまわれている。過疎地とは「過疎地域自立促進措置法」によれば、財政力指数0.5以下で、人口がここ三十年来著しく減少（二〇％以上）している地域で、二〇二〇年の国税調査でのデータでは、五一・五％の自治体が過疎自治体になる（「西日本新聞」二〇二三年四月二日）。

限界集落とは、人口の五〇％以上が六五歳以上で、農業用水や森林、道路の維持管理、冠婚葬祭など集落として共同生活を維持することが困難になっている集落である。二〇一六年では集落全体の三二・二%で、二万三七二集落に達している。〇・六%（三四九集落）が消滅し、その中には四〇〇年以上続いていた集落もある。社会の持続可能性が危機にさらされている象徴ともいえて、近代化とは何だったのかと改めて考えさせられる。そして一方では、東京など大都市に人口が集中している。なぜこうなったのかということになるが、一言にいえば成長主義にあるといえるが、その説明は後にして、過密過疎化は人類存続の危機に関する四つの要因と密接に関係している。

第一に、過密過疎は国土に人口が不均衡に分布するので、資源の有効な使用を阻害する。都市では人が密集し高層ビルが林立し、鉄道・バス・自動車がひっきりなしに行き交う。都市の膨大な人口を養うため食料や日用品、そして電力や水が遠隔地から運ばれてくる。資源・エネルギーの過剰消費である。一方過疎地では、空き家が増え、かつての耕作地も放棄され、山林も整備されずに荒れている。さらに大都市に水を送るため、かつて人々が暮らしていたところがダム湖に沈んでいる。

第二に、人口が減少する地域では、教育・医療・福祉など基本的な住民サービスも整わないので、ビジネスの機会も少ない。都市と田舎で経済格差が発生し、それがまた過密過疎化を促す。

第三に、都市化は明らかに自然破壊であり、そこが排出するガスや廃棄物は、温暖化や地球環境悪化の原因である。

第四に、人工化した空間で日常的に自然と触れ合う機会がないと、そして忙しく時間の余裕がないと人々の考え方は結論を急いでデジタル的になり、社会の分断をもたらす。また、都市では人々の移動が頻繁でコミュニティの形成もむつかしい。

SDGsと成熟社会

人類存続の危機について述べてきたが、現在話題になっているSDGsは、この危機への対処を指標化したものである。これらは人体に例えれば健康であるかどうかのバロメーターで、血圧、体温、血糖値などに相当する。健康を維持するにはこれらの数値が正常値の範囲になければならないが、特別に異常がない限り特に気にして生きているわけではない。日々の生活の結果が数値に現れるのであって、各人はそれぞれの好みと必要に応じて生活している。しかし、日々の生活態度が健康に良いものであるか害するものかで違いがでる。暴飲暴食し運動不足であれば数値が悪くなる。早寝早起きで節制に心掛けストレスを溜めない生活をすれば数値は正常を保つだろう。

ＳＤＧｓも同じで、社会が適切なビジョンにしたがって動いていればＳＤＧｓは達成できるが、社会が不適切なビジョンに支配されていると達成できない。それではその望ましい社会は何かということになるが、「成熟社会」の概念がそのことについての大きなヒントを与えてくれる。

人類は産業革命以後、好むと好まざるにかかわらず「成長社会」のビジョンに支配されてきた。このビジョンでは歴史は一定の方向性をもって進むという発展史観と同根である。この史観によれば、どの国の経済も、未開⇒牧畜⇒農業⇒農工業⇒農工商業の道筋をたどることになる［中村（1975, p.199）］。経済体制も、奴隷制経済⇒封建制経済⇒資本主義経済⇒“X”となるが、“X”は社会主義者にとっては社会主義になるが、ソ連崩壊によって怪しくなってきた。もっとも熱心な社会主義者はソ連や中国の社会主義は本当の社会主義ではないと主張する。

資本主義か社会主義か、市場経済（自由経済）か統制経済か、分権的経済か計画経済かの体制論は現在あまり流行らなくなって、“X”には後期資本主義とか新しい資本主義とかの名前が出てきている。デジタル資本主義もありかも知れない。その中で、脱工業化経済はもっとも説得力を持つと思われる。［駄田井・浦川（2010）］

近代以前では、歴史は一定の方向に進むとはみないで循環するという見方も有力であった。古代ギリシア人は歴史は繰り返すので、歴史を学ぶことで未来を予見できると考えた。中国人も陰陽五行説による循環史観を持っていた。また歴史は一定の方向に進むとしてもそれは進歩ではなく、退化する方向であるとの考えもあったし、今もエントロピー増大の法則と結びついた退化論があることは無視できない〔リフキン（1980）〕。

近代になって成長社会のビジョンが支配的になった背景は、産業革命による生産能力の飛躍的な向上にある。産業革命はエネルギー革命であり石炭という化石エネルギーを利用することで、生産能力を制限していたエネルギーの桎梏から解放された。それまで人類は熱エネルギーを熱エネルギーとしか使うことができなかったが、蒸気機関の発明によって熱エネルギーを動力エネルギーに変換することが可能になった。

産業革命は輸送革命でもある。蒸気機関を掲載した汽車や汽船が造られることで、人や物の輸送が大量にしかも安価でできるようになった。ヨーロッパからアメリカへの移民が増えたのも汽船が大西洋を航行するようになってからである。物の輸送が安価で大量に輸送することができるようになったことが、工場での大量生産を可能にした。生産地から消費地への輸送コストが高ければ、工場で安く生産できても仕方がない。

このような背景が成長神話を生み出し、成長社会ビジョンへと導いた。成長神話とは、二つの命題に要約される。第一は、経済が成長すれば人間社会や人生にかかわる煩わしいことが解決できるというもので、極端に言えば経済が成長すれば人間は善良でなくても幸せになれるというものである。第二は、経済の成長は無限に可能であるということである。

成長神話発生の淵源はイギリス古典派経済学に遡れるだろう。イギリス人にとって経済学の父として尊敬されるアダム・スミスは一七七六年に『国富論』を著したが、その一七年前の一七五九年に『道徳情操論』を著し名声を博した。この著書はニュートンの万有引力の法則を人間社会に援用したもので、人間間の結びつきの強さは、相手をおもんばかる「同感（sympathy）」の強弱によるものと考えた。親・兄弟、親戚、同郷、同窓、同国民などによって、同感の強弱があり、それらの引き合いによって社会は調和がとれると考えた。

それでは全く同感が働かない人間的感情を眠らせた世界はどうなるかについて考えたのが『国富論』である。そのような場合は利害関係の支配する世界であり、悪名高い「経済人」の世界である。楽観的なスミスはそれでも「見えざる手」に導かれてうまくいくと考えた。

かくして、イギリス古典派経済学の流れをくむ正統派経済学は、人間関係の複雑な感情や心理を考察の対象からはずして、人間の行動を利己的な利害関係に限定することになる。もっとも、正統派からはもっとも異端の代表格になるマルクス学派も素朴な仮説に基づいている。資本家は利潤追求のために労働者を容赦なく搾取し、労働者への同情など微塵もないと想定している。一方、労働者は単独では無力なので、資本家の搾取に対抗するには結束しなければならない。

Political Economy

経済学の英語 economics は、ギリシア語のオイコノミアに由来する。これは、オイコス（共同体、家）とノミア（配置、あり方）の合成語でいわば「共同体のあり方」ということになる。オイコノミアは「家政術」あるいは「家政学」と訳されることもあるが、誤解を招く。経済学では経済主体としての家族は「家計」と呼ばれるが、現代の典型的な家計はサラリーマン世帯のように、家族の誰かが働きに出て収入を得て、その収入で家計を切り盛りしていて、農家や商家のように生産活動は行わず、消費をもっぱらにしている。古代ギリシアのオイコスは農業や手工業または貿易などに従事、奴隷も保有していた。大きいオイコスになると、三〇〇〇の人口を擁していたと言われている。したがって、オイコスは一族による企業体であり、オイコノミアは現代的意味では経営学に近い。

西欧の中世は地方分権的な封建制度とコスモポリタン的なローマ教会の権威という相反した特徴を持っている。封建制度は、貨幣経済の発達、黒死病の流行（一三四八年）による農村人口の激減（農民の待遇改善）、重装騎兵から火砲使用の戦争への転換（鉄砲は人を平等にする）などの要因で解体していき、資本主義的な性格をもった中央集権的国家が生まれてくる。

一方、ローマ教会の権威も、十字軍の失敗、教育をうけた人間の増加などで宗教権威について批判ができるようになり、失墜するに到る。宗教改革は単なる信仰上の出来事ではなく、ローマ勢力からの独立でもある。かくて現在われわれが保有する国家の祖先と言うべき国民国家が成立する。

新生の国民国家は国内の反抗勢力を抑え中央集権化を推し進めるためにも、利害対立する他の国家との紛争・戦争に打ち勝つためにも強力な政府を必要とした。そのための国家運営、とくに財源の確保をどうするかについて関心が寄せられた。ここでオイコノミアの次元を共同体から国家に拡張したPolitical Economyなる発想がうまれる。したがって、Political Economyは「国家経済学」と訳した方が、内容に忠実かも知れない。

このPolitical Economyの考え方が幕末の日本に持ち込まれ、経済学という訳語があてられた。周知のように「経済」は漢語の「経国済民」あるいは「経世済民」に由来し、古い歴史をもつ。すでに中国・東晋（317-420）の葛洪の著書『抱朴子』に「経世済俗」があり、隋代の王通の『文口子・礼楽篇』に「皆有経済之道、謂経世済民」が見られる。わが国ではこの経世済民の考えが江戸時代になって広く受け入れられるようになる。太宰春台（1680-1747）の『経済録』には「凡天下国家を治むるを経済と云い、世を経め民を済う義なり」とある。戦国の世から平和な江戸時代に入り、領地の拡大を望めなくなった大名は自領地の経営に専念するようになる。その理論的バックボーンになったのが経世済民の学であり、その熟達者は経世家と呼ばれた。二宮尊徳も経世家の一人に数えられる。

Political Economy から Economics へ

Political Economy の誕生時の状況から国家をいかに強力にするかが政策論の中心であった。それから次第に人々は経済の仕組みや経済現象そのものの分析に関心を寄せるようになって、知識が経済学（Economics）として体系化されるようになる。しかし、そうなっても政策科学としての性質を失っていない。そこが他の社会科学との相違であって、医学と生物学の相違に似ている。生物学も人体やそれにまつわるものを研究の対象とするが、それはあくまで研究そのものが目的である。一方、医学の場合は治療が目的であり、生物学と重なることはあっても、治療のための研究が主である。社会学も社会現象の一部である経済現象に関心をもつが、政策の立案を具体的に意識していない。

Political Economy 時代の政策は、一言で表現するなら、新生国民国家が戦争に勝ち抜くための

「富国強兵」であったと言える。これに対して、Economics（経済学）は「国民の福祉」充実を目的とするようになった。第二次大戦後は世界のほとんどの国家は、少なくとも表面上は「富国強兵」をすてて、「国民の福祉」充実を経済政策の目的としている。その意味では、Economics は「経世済民」の学となったのである。

国民の福祉（National Welfare）は、人々の暮らし向きや厚生福利、幸福感など複合的な意味合いをもつもので、これと経済学との関係性を整理し集大成したのがA・C・ピグー（1877-1959）で、一九二〇年に"The Economics of Welfare"（『厚生経済学』）を著した。

ピグーは、福祉・厚生は一般に広範な内容を含むものなので、その内容の検討に深く関わることは得策でないと考えて[5]、その厚生一般を増進する実際的方法を容易にするために、その内容の議論に踏み込むことなく、独断的に次の二つの命題を提示した［ピグー（1963、p.12)］。

命題1　社会的厚生の要素は意識の状態（states of consciousness）と、それからおそらく意識状態の関係である。

命題2　社会的厚生は大小の範疇の下に置くことができる。

5　その内容にかかわる議論は「厚生経済学」として経済学の一分野となる。しかし、その成果は理論的、抽象的な議論が中心で実践的な政策提案を提示できていない。

すなわち、厚生一般である社会的厚生は、社会の状況、例えば所得水準、環境、医療や教育の水準などについて、人々がどのように意識し感じているかに関係し、しかも序数的に指数化可能と想定していた。

さらに、この社会的厚生を構成する部分として、直接または間接的に貨幣と関係づけられるものとして経済的厚生という概念を導入する。そして、社会的厚生と経済的厚生の境界線は見当たらず、経済的厚生が増大することは必ずしも社会的厚生を増大させるとは限らないが、総じて同じ方向にあるとした。すなわち、経済的厚生の増大は社会的厚生を増大させると考えた。そして、需要価格はその財に対する欲求の強さをあらわすものであるから、経済的厚生は個々人の所得水準と密接に関係があると考えた。[6] そのうえで所得の水準に関し限界効用逓減の法則を適用することで、有名な経済政策の三命題を導いた［ピグー（前掲、pp.103-120）］。

経済政策の命題1　他の事情にて等しい限り、国民所得を増進させる如何なる原因も一般に経済的厚生を増進する。

6　そうすると経済的厚生は各人の所得水準の関数になる。所得だけでなく、各人が保有する資産も社会的厚生に関係する要因であるが、なぜか無視されている。おそらく資産と所得水準が相関するとして近似的に所得の水準で代理できると暗黙的に想定していると思われる。

経済政策の命題2　他の事情にて等しい限り、貧者の受取る国民所得の割合を増加させる如何なる原因も一般に経済的厚生を増進する。[7]

経済政策の命題3　他の事情にて等しい限り、国民所得の変化を減少せしめる如何なる原因も一般に経済的厚生を増進する。

この三つの命題は現在なお諸国の経済政策を支配している。命題1からは経済成長政策を、命題2からは経済格差の是正を、したがって累進課税の導入を正当化する。命題3からは景気循環をやわらげる安定的成長が提唱されることになる。そして成長神話を経済理論の側面から支えているが、ピグーの経済政策の三つの命題を導入するプロセスでは、多くの保留条件がある。一〇〇年前のピグーの時代には、保留条件をそのままにして議論をすすめることが出来たかも知れないが、現在ではそのままにしておくことができない。

7　命題2の成立を序数的な効用関数から導き出すには、社会全体の厚生状態は、所得獲得のプロセスに関係なく、億万長者が何人で乞食が何人いるかであって、誰が億万長者で誰が乞食かに関係しないという想定が必要である。詳しくは、駄田井（1974）参照。

第1章　デニス・ガボールの「成熟社会」

1．成長と成熟

プロローグで人類社会の存続を脅かす四つの要因について述べた。この危機を回避するには、現在社会を動かす支配的な理念を取り換えないと、人類社会はこれから一〇〇年もたないかもしれない。この理念の変換とは「成長」から「成熟」へである。

現代社会を支配する「成長主義」は西欧の近代化に淵源をもつ。近代化とは、政治的には中央主権的な国民国家の成立であり、経済的には工業化である。この近代化に乗り遅れると国家は存亡の危機に陥り、またすでに近代化した国民国家の植民地にされることになった。

中央集権的な国民国家は、臨戦態勢の国家でもある。常備軍を有し、国民すべてを戦争に動員できる体制である。それで戦争ともなれば、兵士だけでなく一般市民も犠牲になる。二つの大戦で何千万人という一般市民が犠牲になった。

戦争の勝敗には、兵士の数、兵器の物量が左右するのは当然ながら、兵器の質にますます依存するようになる。優秀な兵器を創るためには、最新の科学技術が応用される。したがって、その国の軍事力は経済力に依存することが大になる。その点に関しても経済成長を促す要因となる。

ところで、経済の成長は単純に生産物の量が増加することではない。それはちょっと想像しただけでもわかる。例えば、朝食に食パン一枚、卵一つ、牛乳一カップをとっている人が、その量的拡大でパン一〇枚、卵一〇個、牛乳一〇カップ消費するようにはならない。人間の胃袋には限度があるからである。経済の各分野が同じ率で成長するという均衡成長(balanced growth)は、数理的モデルとしては可能であるが、絵に描いた餅である。

この人間の胃袋には限度があるというのが、アダム・スミスが自由放任の経済でも貧富の差が大きくならないと、楽天的に考えた理由である。同じ種類の物を消費するということでは、人の三倍も四倍も消費することにはならないからである。しかし現実はそうならなかった。次から次へと新製品や新規の生活スタイルが開発され、消費は拡大している。

現在社会では、新製品や新しい生活スタイルの創出なくしては、経済の成長はありえない。言い換えれば、イノベーションなければ成長はありえない。そして経済の規模は市場の規模、すなわち売買された物やサービスの経済価値(交換価値・市場価格)で評価される。その総計がGDPとして計算されるので、生産の場と消費の場は乖離していく。

経済成長は市場の拡大をともなうので、既存の生産物が従来の市場で飽和状態になったら、従来の市場に新製品を導入するか、国外などに新たな市場を開拓し既存の商品を販売する必要がある。帝国主義[1]は軍事力を背景とした市場の開拓を目指し、その場合の経済政策は自由貿易とは程遠い統制の強い経済学史上、重商主義と呼ばれる政策である。[2]

1　帝国主義という言葉は様々な意味で用いられるが、一般的には、ローマ帝国、サラセン帝国、モンゴル帝国のように、国家、地域、民族を超えて、政治的、経済的、軍事的そして文化的に支配することを意味している。十七世紀から欧米列国などの帝国主義的侵略によって、アジア、アフリカ地域が植民地にされた。第二次大戦後、これらの植民地が独立するようになってから、領土を拡張支配しようとする帝国主義は影を潜めたが、他国を何らかの方法で支配・コントロールしようという趨勢は衰えてはいない。

山下範久(2008, p.18)は、この状況を「実体的な版図としての帝国というよりも、帝国的様式で構成されたリージョナルな空間秩序である。地域秩序を支えているのは、むしろ同一の世界に参加しているという、帝国内に共有された理念である」と述べている。冷戦期における二つの陣営の理念は「資本主義」と「社会主義」であった。ポスト冷戦期になって、再び「民主国家」と「専制国家」の理念対立として定式化されようとしている。

さらに、帝国的ネットワークと呼ばれるのは超越性があるからである。超越性とは、ルールの作り手を、そのルールを守るべき者たちから隔絶された超越的外部に見出そうとする発想である。これに対し、内在性は、ルールの作り手とそのルールを守る者が一致していなければならないと考える思想である［山下（前掲、pp.32-33)］。「民主国家・自由で開かれた世界」を標榜する側にも、超越性が存在する。エマニュエル・トッド(2022, p.169)は、この陣営の代表格であるアメリカやイギリスも、その実体は民主国というよりも金権的な「リベラル寡頭制」であるとしている。

2　シュンペーター(1956, p.298)によれば、重商主義は新生国民国家の性格を反映して、どうすれば国家に力をつけられるか、そして他国を弱体化するかに関心があった。そして世界の富は一定であって、一国が富むということは他国を窮乏化すると考えていた。

要するに経済成長を持続するには、常に新しいフロンティアを見つけなければならないのである。フロンティアを見つけ開発するというのが成長主義である。もっとも、新大陸はヨーロッパ人には新しい大陸であったが、原住民にはそうでなく、フロンティアであると見なされたことは彼らには迷惑なことであった。

一方、成熟とはいたずらに新しいものを求めるものでなく、また必死にフロンティアを探すのではなく、既存の状況の中で、物事を生活になじむように、より一層洗練させて、個々人の満足を高めるように、物事と人間の関りを深めていく。市場で完成品を選択して購入するという消費生活スタイルとは違ってくる。生産の場と消費の場は近づき、自給自足的方向へ回帰していくと考えられる。

2. デニス・ガボールの「成熟社会」概要

それでは、「成熟社会」とはどのような社会であるかを考えていこう。成熟社会（mature society）という言葉を最初に使ったと言われるデニス・ガボール（1900-1979）の『成熟社会』（1972）を出発点としてとりあげる。

ガボールはハンガリー出身でベルリン大学を卒業後、ベルリンで職を得ていたが、ユダヤ人であったため、ナチス政権をのがれてイギリスに亡命する。イギリスのトム・ヒューストン社で電子顕微鏡の改良やテレビ製作にかかわる。一九四七年にホログラフィーの基礎理論を発表し、その業績で一九七一年ノーベル物理学賞を受賞する。一九五八年～一九六七年までインペリアル・カレッジ・ロンドンの応用物理学教授を務めた。引退後、社会分析に興味を持つ。

彼によると、成熟社会は「人口及び物質的消費の成長はあきらめても、生活の質を成長させることはあきらめない世界であり、物質的文明の高い水準にある平和なかつ人類（Human species）の性質と両立する世界である。この最後の条件は非常に厳しいものである」とある［ガボール（1973, p.5）］。しかし、成熟社会という言葉を使用していないが、このような社会を想起した人たちは少なくない。人口及び物質的消費の成長はあきらめても、生活の質を成長させることはあきらめない世界でありということに関しては、J・S・ミル（1806-1873）の「定常状態にある社会」は明確に論じた最初のものであると思われるが、J・M・ケインズ（1883-1946）もJ・K・ガルブレイス（1908-2006）もダニエル・ベル（1919-2011）も同様の様相について言及している。このことに関する少し長い物語をしてみよう。

アダム・スミスの成長のウィンウィン・ループ

アダム・スミス（1723-1790）は政府が経済に干渉しない方がうまくいくとの考えをもっていた。その根元となる信念は「全知全能の神がこの世を創造したのならば、この世は不完全なものでなく、うまく行くようになっている」というキリスト教ユニタリアンの信念にもとづいていると言われている。しかしその信念で説得するのではなく、政府の干渉が妥当でないことを、経済メカニズムから理論的に説明している。

スミスは『国富論』（1776）の冒頭で、「国富とは労働の年々の生産力である」[3]としている。労働の生産力を総生産力とするか、労働の一人あたりの生産力＝労働の（平均）生産性とするかは議論の余地のあるところである。もっとも、労働の生産性上昇は人口の増加をもたらすとすれば、両者は同方向になる。

労働の生産性は、分業の進展と創意工夫による技術進歩の二つの要因により上昇する。政府による干渉・規制は創意工夫による技術進歩の阻害要因になる。一方、分業の度合いは市場規模に依存し、経済が発展し市場規模が拡大するにつれて進展し、労働の生産性は上昇する。

3　重商主義にたいして貿易の自由化を主張したのはフランシス・ケネー（1694-1774）である。彼の考えはアダム・スミスにも大きな影響を与えたが、富とは土地の生産力であるとした。この点に関してはアダム・スミスと見解が異なる。

収穫逓増のウィンウィンのループになる。このウィンウィン・ループが実現するかどうかは、資本家が生産の拡大に意欲を持ち、生産に投下する資金（資本）をどれだけ獲得できるかにかかっている。すなわちどれだけ資本を蓄積するかによる。

投資は、一般的には財テクなどかなり広い意味で使われるが、経済学で使用する場合、資本の変動分を意味する。したがって、どれだけ投資が増えるかが重要である。生産活動などで得られた収入からそれの獲得に要した費用を差し引いたのが所得である。[4] 資本家の場合は利潤に相当する。労働者の場合は、その収入である賃金を得るのに要する費用はほぼゼロと考えられるので、賃金がそのまま所得になる。

所得から税金などを差し引いた残余は自由に処分できる（可処分所得）が、そこから生活費や娯楽などに支出した分（消費）を差し引いた残余が貯蓄になる。スミスをはじめ古典派経済学は、この貯蓄がそのまま投資されると考えた。したがって、倹約は美徳であって経済成長を促すとした。また大きな政府は税の負担増となり、可処分所得を減らすので投資を減らすことになる。[5]

4 所得のもう一つの定義は、ヒックス（1968, p.249）によれば、「資産を減じることなく消費できる最大額」である。この定義は、資産を地球資源全体とすれば、持続可能性の条件に結びつく。駄田井（2009, p.54）。

5 このことに関する詳しい議論は、駄田井（1989）を参照されたい。

有効需要のスパイラル

貯蓄がそのまま投資となる（貯蓄＝投資）とする考えは、後にJ・M・ケインズによって、セー法則と名付けられ、否定されることになる。彼はセー法則を「供給はそれ自身の需要を創る」と要約し、セー法則に準拠する古典派経済の体系は、常に供給を上回る需要がある特殊な状況の世界であり、一般的には成り立たないとした。購買力に裏付けされた有効需要が供給を下回る状況も想定した「一般理論」を提示した。セー法則は「生産したものは必ず売れる」と言い換えられるが、生産者にとってこんな有難いことはない。現実には販路開拓に必死であって、宣伝・広告などマーケティングに一生懸命である。

セー法則を是認するかどうかの議論の背景には、貨幣についての考え方の相違がある。古典派経済学にとっては、貨幣は交換の手段にすぎず、経済の潤滑油のような存在で、私は潤滑油であっても影響があると思うが、実際の経済には影響しないと考えた。とにかく古典派経済学では、貨幣そのものは人間の日常生活に役立つものでなく、貨幣を保有する動機はないと想定している。

古典派経済学の貨幣イメージは、イソップの「ミダス王の寓話」からきている。黒海の近くに住むミダス王は欲深くなによりも金を愛した。ある日、行き倒れの老人に出会うが、この老人を神であると見抜いて、世話をする。老人は世話をしてもらったお礼に、ミダス王に何か願いを聞いてやることにした。喜んだミダス王はそれで手に触ったものをすべて金に換えてもらうように頼んだ。願いがかない、道端の小石を触ると金になった。木の机に触ると金の机になり、大変喜んだ。しかし、パンを食べようとしてそれに触れると金にかわった。さらに娘を抱くと金にかわった。それでほとほと困り、老人に元に戻してくれるように頼んだ。

この寓話が述べるところは、貨幣そのものは生活に役立つものではないということである。それはそうであるに違いないが、貨幣は生活に役立つものに交換できる価値をもつので、貨幣があれば、必要な時に必要なものに交換すればよい。しかも貨幣を保有するコストは小さい。したがって。人々は貨幣を保有しようとする動機をもつ。

可処分所得のうち消費せず残した部分である貯蓄は、そのすべてを生産のために使用することなく、一部を貨幣で保有されることになる。その結果、有効需要が不足し、生産したものが売れ残る。この有効需要のスパイラルは、豊富の中の貧困を生みだす。大恐慌（一九三〇年代）のイギリスの炭鉱夫家族の次の会話がそのことを端的に表現している。

子ども　お母さん、今日はどうして暖房がはいらないの？
母親　石炭を買うお金がないからよ。

子ども　どうしてお金がないの？
母親　お父さんが失業したからよ。
子ども　なぜ、お父さんが失業したの？
母親　石炭が採れすぎたからよ。

T・R・マルサスの『人口の原理』とJ・S・ミルの「定常状態」

十八世紀の後半から十九世紀の前半にかけて、フランス革命など政治社会情勢の不安定なこともあって、スミスの成長のウィンウィン・ループは思った方向に行かなかった。産業革命の技術革新は、機械化により熟練した職人の職を奪い、農村を追われて都市の労働者となった人々にも恩恵をもたらさなかった。当時のロンドンのスラム街は悲惨な状態であった。

このような状況で、自由放任の小さな政府を前提とした資本主義体制を批判する社会主義が台頭する。しかし、結局、この混乱を救ったのは新大陸への移民である。

社会主義者の批判に対して、現況の窮状は制度の欠陥にあるのではなく、人口と生産力の自然法則によるとしたのが、T・R・マルサス（1766-1834）である。スミスの成長のウィンウィン・ループでは、人口と生産力の関係は、人口の増加につれて平均生産力も増加（収穫逓増）するであった。

しかし、マルサスは、人口がある水準を超えて増加すると、平均生産力は低下（収穫逓減）するとした。例えば、農業で考えると、まだ人口が比較的少ない場合は、耕作されていない肥沃な土地が豊富であるが、人口が増え耕作地が拡大するにつれて、肥沃な土地はだんだんなくなり、肥沃度の落ちる劣等地を耕作することになり生産力は低下する。木材の調達なども、初めは近いところで伐採できたが、伐採が進むにつれてだんだんと遠くに出かけなければならなくなり、費用がより多くかかるようになる。

そして、人口の水準は、(i)生活資料（生産力に依存）、(ii)避妊、堕胎、晩婚、道徳的抑制など、出生に影響する予防的妨げ、(iii)疫病、戦争、災害など、死亡に影響する積極的妨げ、の三つの要因によるとした。さらに、(ii)と(iii)の要因が一定ならば、人口は(i)の生産力に依存する生活資料によるとして、以下のように想定した。（『人口の原理』初版1798年）

〈マルサスの人口仮説〉

平均生産力が最低生活水準を上回ると人口増加
平均生産力が最低生活水準に等しいと人口一定
平均生産力が最低生活水準を下回ると人口減少

ここで最低生活水準とは、人間として社会生活を営むのに必要な生活資料の最低水準で、時代や地域の事情によって異なる。この仮説に従うと、総じて人々は最低生活水準以上の生活資料を得ていれば、子どもを養う余裕と意欲をもち人口は増加する。余裕がある限り人口は増え続けるので、平均生産力は低下し、やがてそれが最低生活水準に等しくなるところまで人口が増加して止まる。

逆に何かの事情で平均生産力が最低生活水準を下回るまで人口が増加すると、人々は子どもを養う余力を失い人口が減少し、平均生産力は増加する。人口の減少は両者が等しくなるまでつづく。いずれにしても人口を調節しないかぎり、人間社会は最低生活水準ギリギリの生活を余儀なくされると主張した。人口調節の手段として積極的妨げによるのは好ましくないので、マルサスは予防的妨げの晩婚を推奨した。

マルサスの『人口の原理』は出版と同時に、世間から激しい批判を浴びた。子供は神からの授かりものであるというキリスト教倫理観や、人口が国力の源であるとする考えもさることながら、科学の進歩と人間理性の発達で人類は未来に向かってバラ色の道を歩むという啓蒙的進歩主義に冷水を浴びせたからである。

J・S・ミルは、多分に社会主義的傾向が濃厚であるが、ベンサムの人口論に同意し、著作『経済学原理』(1948年)の中で、経済成長と人口増加が停止した「定常状態」について述べている(第

4巻、第6章)。その要旨を現代の視点を加えて追えば以下のようになる。

第一に、資本、人口、生産技術が効率よく組み合わされれば、スミスの成長のウィンウィン・ループが生じるが、地球の自然が有限である限りそれは無限に続かない。かならず停止し定常状態に至る。マルサスは二〇〇年前にこの定常状態を現実のものとして、もしくは近い将来のものとして想定した。だがこの予言的想定に反して、以後二〇〇年間あまり定常状態は訪れなった。経済も成長し人口も増加し、しかも生活水準も向上した。しかし、我々は二十一世紀を迎えて成長の限界に直面している。

第二に、定常状態に至るのが必然であるならば、それがどのような様相であるかについて想像すべきである。地球のキャパシティの極限まで経済成長と人口増加を続けて到達した定常状態はどのようなものであるだろうか。ミル［Mill(1848, pp.311-312)］によればそれは決して望ましいものではないとして、次のように述べている。


そのような場合、人間の食料を生産するためにすべての土地が耕作されることになる。花の咲く野原や自然の放牧場が耕され、人間にとって役に立たない四足獣と鳥は、すべて食料の邪魔になるとして撲滅される。農業改良という名のもとに生垣や無用の木が引き抜かれてしまい、わずかな土地に雑草として除外されなかった野生灌木や花だけが生き残る。

富と人口の増加、しかもそれが単なる量的なものによって手づかずの自然が根こそぎにされ、楽しみを失うならば、後世の人のより良い幸福を保障するためにも、耕さざるを得なくなったはるか前に、定常状態に同意するべきであったと私は思っている。

第三に、経済成長と人口増加が地球のキャパシティ極限までに至った定常状態が悲惨なものであるとすると、世界はそれに至るずっと手前で経済成長と人口増加を止めるべきである。人口の抑制に関しては、マルサスの提言が当時の世間の厳しい非難にあったが、現在では明示的にあるいは暗黙的に同意を得ていて実行されている。例えば、現在は見直されているが中国で一人っ子政策が実施されなかったら、驚異的な経済発展が可能であったかどうか。また、様々な要因が重なり合っているが、一般的に一人当りの所得水準が高い国ほど出生率が低くなっていて、マルサスの〈人口仮説〉が成立しなくなっている。これはマルサスが間違っていたというよりは、マルサスの提言を受け入れている結果であると考えた方がよさそうである。

第四に、経済と人口の定常状態は、人間の改善に関しての定常状態ではなく、すべての種類の精神文化、道徳および社会の進歩に関して常に余地がある。また、産業技術は経済の成長に使用されるよりも、労働の短縮に利用されるべきである。

成熟社会の様相

人類存続の危機を回避する選択肢として「成熟社会」をとらえたとき、それはどのような様相をそなえていなければならないだろうか。人類存続の危機は、①核の脅威、②気候変動、③資源の枯渇、④経済格差の四つに集約できるだろう。日本の場合はこれに加えて、過密過疎、少子高齢化などが加わることになる。

一方、前述したガボールの成熟社会の表現は、

⑴人口及び物質的消費の成長をあきらめても、生活の質の向上を目指す
⑵物質文明の高い水準
⑶平和と安定
⑷人類の性質と両立する世界

と分割できる。人類存亡の危機を意識しながらガボールの成熟社会の四つの様相について順次見ていこう。

3．人口および物質的成長と生活の質

人口の増加と物質生産の成長は、気候変動と資源枯渇に関係することは現在如実になっている。人口増加と物質的成長を停止しても生活の質を高めるには、生活の様式すなわち生活文化の在り方が関係する。要するに生活の物的資料をいかに効率よくより満足の高い生活、あるいは人間の幸福（well-being）に結びつけるかである。ガルブレイスは『豊かな社会』〔ガルブレイス（1960）〕の日本版への序文で次のように述べている。

生産が欲望を充足するばかりでなく欲望を育成するものであるとすれば、生産の拡大は、経済成長や、とくに社会的進歩の満足な尺度ではないであろう。ある物の尺度はその物以外の物でなければならない。進歩の他の指標を生産以外のものに求めなければならないであろう。

生産の拡大や経済成長と社会的進歩もしくは生活の豊かさや幸福度との関係は、文化力という概念を導入することで論点が整理できる。ここで文化力とは、富（物質的豊かさ）を生活の豊かさ（幸福、well-being）に変換する能力と考える。何らかの方法で数量化できるとすると、もっ

ともこの作業は容易ではないが、次のように表すことになる。［駄田井・浦川（2011, pp.124-125）］

文化力＝生活の豊かさ（幸福度）／物質的豊かさ（富）　（1）

この文化力には、様々な要因が含まれることになるが、個人的な文化力とするか、グループや社会全体として考えるかによって、加えられる要因が異なってくる。

個人的な場合では、少ない物的生活資料で幸福に暮らせることができるのは、その人の精神が成熟していると考えてよいだろう。人間の場合、肉体的に成熟する年齢と精神的に成熟する年齢にはギャップがあり、両者が成熟してはじめて人間として成熟するということになるだろう。

経済学の一分野である厚生経済学の伝統に従えば、生活の豊かさは厚生一般と呼べるものであるが、物的豊かさは経済的厚生と置き換えてもよいかどうかには、微妙な問題である。ピグーによれば経済的厚生は貨幣価値に換算できるものであるが、実際に価格が付けられ市場に流通している場合と、疑似的に換算する場合とは意味が異なる。それにサービスの取り扱いに微妙な問題がある。

個人の場合の経済的富は、個人の所有物か、使用に貨幣を支払っているものの合計であるとしても、道路などの公共施設は無料で使用している。この場合、個人の文化力は無料で利用できるインフラが充実しているほど高いということになるだろう。

社会全体としての幸福度となると、個人が無料で使用しているインフラも、社会全体では負担しているので、分母に加えられることになる。しかし、社会全体の幸福度を厚生経済学における社会的厚生関数のように、個人の幸福度の関数とすれば、社会全体でインフラ（公共財）を負担していても、無料で使用できるインフラが増えるほど、そうでない場合に比べて、一般に非排除性という公共財の性質から社会全体の文化力も高くなるだろう。

文化力を定義した（1）式を書き直すと次のようになる。

幸福度＝文化力×物的豊かさ　　（2）

したがって物質的消費の成長はあきらめたが生活の質の向上を目指すのであれば、文化力の向上によって、幸福度を高めることになる。よって、成熟社会の課題はいかに文化力を高めるかになる。

4. 物質文明の高い水準

ボナールの著書『成熟社会』を翻訳した林雄二郎氏は、『成熟社会日本の選択』（中央経済社1982年）を著しているが、その中で、歴史を振り返れば成長期と成熟期を繰り返しているとしていると述べている。日本の場合、十三、四世紀頃のいわゆる戦国時代から江戸時代の初期までは成長期であり、鎖国下の江戸時代は成熟期である。この二つの時期は農業社会であった。明治以降一九六〇年代の高度成長期までは成長期、それ以降二十一世紀の初頭までは成熟期である。この二つの時期は工業社会である。そして二十一世紀はポスト工業社会の成長期としている。つまり、農業社会、工業社会にもそれぞれ成長期と成熟期があるとしている。

しかし、この場合での成熟期は、ガボールの言う成熟社会であると言えるかどうか。それははなはだ疑問である。農業社会の成熟期は工業社会の成長期へと脱皮していったのであるから、結果としては人口と物的消費の成長をあきらめていなかったことになる。農業社会から工業社会への脱皮は、物的消費への欲望を充足するという心理的要因よりも、西欧列強の圧力への抵抗という社会的事情によるとしても、結果的にはパンドラの箱は開けられたのである。そしておそらくは一般的には、農業社会から工業社会への脱皮にともない、伝統的社会が崩壊することで、苦しみを味わった人は少なくないと思われるが、結果的には幸福感は増したのではなかろうか。

工業社会の生産技術は科学技術と二人三脚で向上する。科学技術は医学の発展にも貢献するので、道徳に果たした役割が大きい。ガブール(1973, pp.85-86.)は、その役割として、①迷信を追放したこと、②肉体的苦痛を取り除いたこと、をあげている。その結果、肉体的苦痛は人間生活の上で避けられるものとなり、残酷さを嫌うようになったとしている。

そこで次に問題になるのは、物質文明の高い水準というのをどのように判断するかである。まず第一は、この判断は個人的なものでなく社会全体として考えるべきである。もっとも、文明の水準という時には、福澤諭吉の『文明論の概略』(1875)にあるように、それは個人や社会の一部分でなく、社会全体で判断されることである。

近代以前の古代や中世でも、王侯・貴族など一部の社会層は物質的には豊かであったろうし、知識や教養という点でも、現代の平均水準よりもはるかに高い人達は存在していた。農業社会であっても、衣食住の生活物資に恵まれていて、幸福の増進は精神的文化的な要因に求める人たちは少なからずいたことは確かである。だが、その一方で、生活物資の欠乏に苦しんでいる人たちも多数いたと思われる。

物資文明が高い水準に達しているかどうかの判断基準として有効と考えられるのが、「幸福のパラドックス」に社会全体が陥っているかどうかである。

幸福のパラドックスとは、経済の成長と人々の幸福感が相関しない状態である。文化経済学の基本公式（2）にしたがって言えば、経済力の成長が文化力の低下を引きおこし、幸福感が低下する事態となることである。このことに関しては、ビンスワンガー（2009）など様々な実証研究がある。

物質文明の水準に関するもう一つの重要な判断基準は、これ以上の経済発展は社会や世界全体の持続可能性を危険な状況に陥れるかどうかである。これはまさに人類が現在直面している状態である。現在でも世界中のすべての人が物質文明の高い水準を享受しているのではないが、世界全体の生産能力はそうすることが可能な水準にあると考えられる。問題は何をどれだけ生産するかである。

戦争のための軍備に資源や人材を使うことや、称賛に値しない贅沢に資源や労力を大量に使用するなどが、物質文明の恩恵を受けられない人々を生み出している。

このようなことからくる政策的帰結は、成熟社会ではマクロ経済政策が効力を失うと同時に、場合によってはむしろ社会の長期的な健全性を損なうことになる。成熟社会では、その度合いは各人によって異なるが、必要な生活物資は充分普及しているので、政府が財政を発動して総需要を喚起しても、大きな期待ができない。需要が喚起されても一時的なあぶくのようなものである。

5. 平和

消費文明が高度な水準に達し、幸福のパラドックスが発生するような状況にある成熟社会では、経済的利益を得ることを目的にした戦争はまったく意味がない。またガルブレイス［(1960, p.156)］によれば、「高い生活水準をまもることが、アメリカの戦争の目的であるとすれば、戦争のために高い生活水準を捨てることは、矛盾である」としている。敗者になれば悲惨だし、勝者になって一層の経済的利得を得ても幸福の増進につながらない。戦争状態になれば、人々の自由は束縛され、日常生活は窮屈になり、死の危険が身近になり、肉体的・精神的ストレスは大きい。

戦争は当事者にとってウィンウィンの関係ではなく、敗者の損失が勝者の利得になるゼロサムゲームの性格をもつが、成熟社会では戦争はゼロサムゲームでもなくマイナスサムゲームになって勝者も得をしない。

それでも現在の世界では紛争が絶えない。それは産軍複合体が存在するからである。人々は戦車・戦闘機・軍艦を造っても、人々の日常の暮らしに役立たないことはよくわかっている。しかし軍需産業に関連する諸集団に経済的利益を与えていて、世界の全生産の五〜一〇％はあるといわれている［Boulding（1970b, p.9）］。複合体を取り除くとどうなるかを推計し、それをどう安楽死させるかが必要だろう。

ファインシュタイン（2015、邦訳（上）p.19）は、産軍複合体の存在を「政府と軍部、武器産業の間を人が行ききする「回転扉」と表現している。また、アイゼンハワー大統領が退任のあいさつの中で、産軍複合体が政府の中で不当に影響力をもつことを警告していたことは周知のことである。しかしファインシュタイン（前掲（下）、p.96）は、「ブッシュ政権では、戦争成金が政府に近づこうと騒いでいただけではない。彼らこそが政府であった」と述べている。このような状況では産軍複合体の安楽死はなかなか難しい。

戦争や軍隊は、冷静に考えれば、過去においては人類社会に有益であったかも知れないし、現在においてもある種の有効な役割を果たしているかも知れない。この点に関してLevin（1970, pp53-81）は、戦争は社会の基本的システムであるとして、その役割を次のように述べている。

(1)　経済に関して、軍事支出は大きく、独立した支出でビルトインスタビライザーとして働く。

福祉支出はその代替にならないが、宇宙開発はその代替になる。
(2) 戦争への恐怖が政府を成立させる。戦争がなくなったら、国家主権と伝統的国民国家がなくなる。軍隊の支出は貧しい人を入隊させ、訓練させる。現実の敵がいなくなったら「仮想の敵」を作らねばならない。
(3) 社会的には、軍と兵役が反社会的人間を社会的人間にする。代替は奴隷制である。
(4) 生態的には、戦争による人口調節は優生種を残す。しかし、核戦争は優生種も劣性種も殺すので、人工授精で優生種を残さねばならい。

この見解に対し、軍事支出の経済効果に関しては、医療や教育へ支出の方が経済効果は大であるとの見方がある［ファインシュタイン（2015、（下）p.194）］。

現在においては、戦争は人類の存続を脅かす大きな脅威であることには間違いがない。そして、軍隊が果たしている役割、あるいは戦争が果たす役割を別の平和的手段で代替する知恵を人類は充分蓄えている。ストウジンガー（2015, pp.287-288）は、戦争を人類の病気とみる。人類共通の病気とすれば、コロナ感染症のように世界が敵味方なくその撲滅に協力する。戦争を人類の病気とみるには異論もあると思うが、戦争をなくすには有力な考えである。

6. 人間の性質と両立する世界

ガボールはこの要件がもっとも難しいと述べていて、人間の特質として、次の二つをあげている。

(1) 人間は逆境のなかでは強いが、安楽、富裕、安全のなかでは弱い。

(2) 人間は努力せずに得たものは大事にしない。

成熟社会は、安楽、富裕、安全である上に、ロボットやAIなどを駆使して高度な生産技術で労働の苦労を軽減させる。そうなると人間の弱点であるこの特質が発露されるだろう。それが度を過ぎると、勤労意欲達が削がれ「成熟社会は先進国病である」［佐野（1978, p.93）］との言い方もあるように、成熟社会そのものの持続が危機にさらされる。これをどのように回避するかが一つの課題である。ガボール［ガボール（1972, p.79）］は、「もはや経済的には連携と犠牲が必要だという圧力がない状態において、その連帯と犠牲をどのようにしたら建設的方向にもっていけるか、それが、この書物で論じる重要な問題の一つである」と述べている。

筆者はこの問題に対処するには、人間の特質として、ガボールも触れているが[6]、次の人間

6　多様性の一例として、多くの人は数学を学ぶのが苦痛であるが、バートランド・ラッセルは数学を学べないのを不幸としたことをあげている。

のもう一つの特色を活かすことにあると考える。
（3）人間は能力も好み（感受性）も、経験の度合いも、したがって考え方も多様である。人間は楽しいことが好きであり、自分が好きなことは、苦労も厭わず、寝食を忘れて没頭する。そして何が好きかも十人十色で、それぞれ人によって異なる。したがって、それぞれが自分の好みと能力に応じて、好きな暮らし方、好きな道を歩むことができれば、成熟社会であっても気力に満ちた活き活きとした社会になる。

7. 生物多様性と文化の多様性

人間の特質として、能力と性格の多様性に触れたが、人間が多様なのは、創造主の気まぐれからそうなったのではない。環境の変化に適応するには多様性が必要であり、多様性を失うと人間社会が持続できなくなる。

多くの生物が何万年、何十万年と生き残れたのは、一つの種のなかにおける遺伝子多様性のおかげである。それは突然変異と有性生殖による遺伝子タイプの混合が実現する。自然がこの有性生殖に固執しているのは、受精によって遺伝子の組合せを変化させ、子孫の遺伝子の多様性を増しているからである。そしてこのことによって、病気その他の危険性に対して抵抗性を

高めると言われている。［川本（2005, pp.79-80）］

ところで大型類人猿たちは、熱帯の限られた場所に住んでいるのにもかかわらず、人間よりも遺伝子は多様である。それにもかかわらず、人間は地球上のいたるところで、環境の異なる地域に住んでいる。それは外界の環境に自分の身体をあわせるという基本的適応スタイルだけでなく、まわりのものを利用して身体の適応能力を補うとともに、外部環境を自分の都合のよいように変えたことによる。そしてこの努力は、言語の発達を介した非遺伝的伝達、すなわち文化に支えられている。地球の多様な環境に対して多様な文化が形成されている。［川本（前掲，pp.92-95）］

人間が気候風土の異なる地球のいたるところにはびこることができた大きな要因は、いろいろなものを食べる雑食動物であるからである。そして雑食であるが故に、いろいろなものを食べて栄養バランスを保っている。生物多様性が消滅したなら、人間は食べものがなくなり、栄養バランスを失う。地域ごとに多様な環境に応じて食文化が形成され、それが同時に生物多様性を保持することになっている。生物多様性は、まわりまわって網目のように、すべての生物が生きていくために必要なものである。［日高（2009b）］

人類は環境の激しい変化によって生存の危機に遭遇しても、柔軟に異なった文化をつくり出して、生き延びるという能力を発揮してきた。できるだけ多様性をもち、一風変わったものを生み出し続ける能力は、未来の新たな状況にも適応するために保持つづけなければならない。ある文化が、他の文化をその文化にとって一風変わった相いれないものとして、その価値観やライフスタイルを認めず、抑圧することは、人類にとって危険なことである。［内山（2005, pp.130-136）］

そして文化の多様性を維持するには、生物多様性がなければならない。ある特定の文化に必要な生物資源だけが残って、その他の生物が消滅したなら、新しい文化が生み出される可能性は小さくなる。世界を画一化するグローバリゼーションが行き過ぎると、文化と生物の多様性をそこない、人類の破滅にとどまらず、地球上の全生物にとっても破滅の危機をもたらすかも知れない。

佐藤洋一郎（2005, p.172）は、「グローバリゼーションがもっともよく進んでいるのは、金融でもITでもなく、伝染病である。もし、グローバリゼーションが必要だというのなら、文化や伝統などグローバリゼーションになじまないものを保存することこそ人の知恵である」と述べている。

このような社会を実現するには、人々がこのように生きるのだと意識して、それを受け入れる人格が養われなければならない。そしてそれと同時にそれを保障する社会体制がなければならない。

8. 成熟社会における人格と教育

成熟社会の人格

現実の世界は、特に先進経済国では、実態は産業構造をみてもサービスが主体の成熟社会の様相になってきている。大事なことはその意義を理解することである。そして成熟社会であるためには、それを構成する人たちの大部分は、成熟社会を意識し、成熟社会にふさわしい人格を有していなければならないだろう。ガルブレイスの言葉を借りると(1960, p.92)、

自己欺瞞によって乞食のように振舞う金持ちは、財産を保全できるが、それほど幸福ではなかろう。過去の貧困な時代のルールに従って物事を処理する富裕な国も、機会をみすみす失うことになるばかりではなく、自己認識を誤っているために、困難に際して間違った解決策をとることになるだろう。

となる。

人間の成熟は肉体的成熟と精神的なそれとは成熟時期にギャプがある。肉体的には一八才ぐ

らいまでに生殖能力がそなわり成熟する。一八才で法的には成人とみなされるが、しかし精神的には未熟さが残る。成熟社会にふさわしいと考えられる人格は次のようになるだろう。

(1) 経済力よりも文化力の向上に力をいれる

営利団体に所属しそこに経済的基盤をおいていても、個人としてはその資産を経済的利益のためよりは、個人あるいは社会的な文化力の向上に使用する。資本主義経済にあっては、営利企業は利潤の獲得を目指すのは、一定の利潤がなければ存続できないので、禁じ得ないところである。しかし、その利益の一部を環境改善や社会貢献そして文化振興に投じることには、合理的根拠が充分にある。

一言で言えば外部経済の改善であって、それが回り回って自身の経営体の利益につながる。近江商人の三方良しの原理「買い手よし、売り手よし、世間よし」である。

しかも、成功した経営者は文化事業に関心が高い。美術品のコレクターとして、収集した美術品を美術館に展示して公開している実業家は多い。企業経営と芸術は、イノベーションの能力という点で関係がある。有名な経営学者のドラッカーも美術に造詣が深かった。

また、ポスト工業社会にあっては特に文化力は、文化産業の振興とあいまって地域の集客力を強化し、経済力をも高める。[7]

(2) 人間の性質を熟知している

人間の強さも弱さも熟知し、イデオロギーや原理主義に偏重せず、矛盾があっても無理に合理化せずに、それはそのまま向け入れる度量があり、人間の多様性を容認する。したがって、人間の多様な文化が共存することこそ、人類社会の持続を可能にするものであることを、生態系の持続が種の多様性に依存することとともに完全に理解している。

(3) 異質性を尊重し多様な生活文化圏の共生と権力耽溺者の排除

成熟社会の特徴は人間社会を持続可能にすると考えられるが、個人の自由が尊重され、各人が各自の好みに応じて好きな人生を選択できる社会であり、多様な生活文化圏が共生する社会である。異質なものを排除するのではなくむしろ尊重する社会であり、競争よりも共生、住み分けの社会である。

したがって、社会をむやみに画一化しようとする圧力は成熟社会の存続を危険にさらすので、

7 詳しくは、駄田井・浦川 (2011) を参照されたい。

他人を自分の権力に従属させようとする意志をもつ権力耽溺者が権力をもつと問題である。権力耽溺者は人々を自分の思うままに操ろうとして規律にしばる。そればかりでなく自分の権力を固めるために戦争を仕掛ける。このことは歴史に数えきれない事例がある。[8]

成熟社会の教育

このような人格の形成には教育のあり方が大きく関わるが、体験の裏付けが必要である。それで、現代の経済生活、物質文明の高い水準のありがたさを理解するため、かつての生産技術での生活を体験することが考えられる。ガブールはその一例として「ロビンソン・クルーソー・コース」を提唱している。それは次のような技術の進化過程を学習するものである。（1972、邦訳 p.190）

狩人としての人間…こん棒、やり。そして最初の偉大な発明である弓。

道具作成者としての人間…石の斧。鉱山から金属を抽出すること。銅、青銅、鉄、最初の鋼のナイフ。青銅と鉄の鋳造。鋼を鍛えること。迷信から科学へ。圧延工場。最初の工作機械、そして近代的な自動機械への進化。

8 代表者の選出を投票ばかりによるのでなく、くじ引きにより選出するなど工夫すれば、権力耽溺者が権力の座に就くのを防げるかもしれない。くじ引きによる選出については吉田（2021）にくわしい。

繊維…紡績と手織り。初期の天才のおどろくべき例である最初の織機。動力織機。自動のジャガード織機。人造繊維。ナイロンの発明、ナイロン製品の大量生産。

自然の力を動力に利用すること…水力と風力。最初の蒸気エンジンから巨大なタービンへ。そして原子力。

輸送…馬と牛車。最初の鉄道と最初の自動車。飛行機の発達。（船）

市民が日常生活で必要とする物―きれいな水、電力、食物、住居、着物、ラジオ、テレビ、自動車など―がどのようにつくられるかの水平的見方。

この教育課程は不効率と苦労をともなう経験であるが、一方で便利で快適な生活になったことで失った何かを感じる体験ともなるだろう。手づくりのおもしろさや、スポーツ感覚での肉体労働や、通勤・通学路が素敵であれば散歩道でありジョッギングのコースやサイクリングコースにもなることや、畑仕事もガーデニングの趣味的活動になることを気付かせるだろう。したがって、成熟社会にふさわしい人格形成のための教育は、遊ぶ、学ぶ、仕事が一体的になって習熟できるものになるだろう。このような教育は学校制度を主体にした日本の教育体制では、難しい。［筑後川入道（2021、第1部第3章）］

第2章　多様な生活文化と複数のユートピア

1. 生活スタイル画一化の弊害と過密過疎化

過密過疎化の原因

経済が不振な国から裕福な国への移民や難民が増加している。その原因の一部は政治的な要因に帰せられるが、市場経済の浸透にともない伝統的な生活が維持できなくなったことも大きい。同様に、日本国内でも、急速に過密過疎化が進展しているが、その最大の要因は、生活スタイルが都市型になってきたことに起因する。

従来の田舎型の生活スタイルを維持できなくなってきたことが、過疎化の原因であるので、田舎を都市化して過疎化を解決できるかというとそうはいかない。すでに過疎化し、都市とは人口の集積度に大きな違いが生じているので、都市化は不可能だ。都市型の産業は立地できない。

都市化するとは経済を市場化するということであって、生活に必要な物資やサービスを市場で調達しなければいけなくなる。おカネが必要になり、そのためにはカネを稼げる仕事がなければならない。田舎にはカネを稼げる仕事が少ないので、出稼ぎに出るか、都会に居を移すかである。また、進学率が上昇することも過疎化の原因になっている。地元に高校がない地域も少なくない。そのようなところでは子供を高校のある町に下宿させなければならない。そのために出費がかかり、親に負担がかかる。高校がないような過疎地では、その出費をまかなう現金収入もままならないので、仕事を求めて親も地元を離れることになりかねない。

さらに大学のあるところも少ない。子供を大学に進学させるとより大変だ。そして大学を卒業した子供はほとんど地元に帰ってこない。過疎化を加速させることになる。親は地元の過疎化と疲弊に手をかすために高い教育費を払っているようなものだ。

田舎の一つの利点は、都会ほど生活におカネが掛からないことだ。農家でなくても、親戚や友人に農家があれば、野菜、果物、米などのおすそ分けがある。住宅費も安く、耕作放棄地もあるので、タダか安い費用で借りられる。自家菜園や果樹園を楽しめる。田舎の資源を活用するすべを心得ていれば、まったくカネが要らないということにはならないが、都会で暮らすよりはかなりカネが掛からない。

したがって、田舎が過疎化するもっとも大きな原因は、田舎で暮らす方法や生活スタイルを捨てて、都会と同じような暮らし方を選択することにあると思われる。田舎くらしの極意は地産地消・自給自足の貫徹をめざすことだろう。そしてそれはひたすら便利さと快適さを追求する都会生活がめざすものとは異なる。地域が培ってきた伝統の上に、自らの手でより質の高いものを加えるという創造的な活動となるだろう。

田舎では都会ほどカネが掛からない生活ができるとしても、やはり最低限一定のカネは必要である。それを安定的にどう確保するかが課題である。その解決方法として仕事を分け合うワークシェアリングが有効である。

例えば、どのような過疎地であっても、一定の公務があり、それは安定的な収入源である。この仕事をワークシェアリングすれば、安定的に最低限の貨幣所得を得て田舎暮らしができる人が増えるだろう。大分県姫島村はこの公務のワークシェアリングを実践している。

あるいは、共同で地域資源を活用した商品を開発し販売して現金収入をえることも一案である。鹿児島県鹿屋市の「やねだん」集落は、サツマイモを栽培し焼酎を造って販売している。これに類する事例は、全国で数多くあるようだ。市場経済への依存度を小さくすることは、できるだけ（グローバルな）貨幣を使用しないことである。それには地域通貨の活用も一案である。

いずれにしても、このような試みが成り立つためには、地域共同体やコミュニティがしっかりと機能していなければならない。

2. 無銭経済

実は、お金がなくても楽しく生きられることを提唱し、実践しているという人は決して少なくない。その提唱者であるマーク・ボイル（Mark Boyle,1979～）はアイルランド国籍のイギリス在住の自由経済運動の活動家で、サラリーマンのころ、営業成績が大変よかったため高収入を得ていたが、金銭を介在させる生活に疑問を感じるようになり、二〇〇八年からイギリス・ブリストル近郊で金銭を介在させない生活をはじめている。彼は自らが理想とする経済を「無銭経済」と名付け、次のように説明している。

〈無銭経済〉とは、モノやサービスの無償の分かちあいによって（すなわち明確な交換条件をさだめずに）、参与者の肉体的・情緒的・心理的・精神的ニーズを、集団としても個人としても満たすことのできる経済モデルである。分かちあうモノは受益者の徒歩圏内で調達するのを理想とする（が必須ではない）。［マーク・ボイル（2017, p.79-80）］

そしてそれは、「無銭経済＝贈与経済＋一〇〇パーセントローカル経済」となるとして、それに至るプロセスを以下の六つのレベルに分けている。しかし、贈与はどの経済でも少なからず見られるから、ここでは彼のレベル3とレベル4は区別する必要がないとおもわれるので、(A)、(B)、(C)、(Y)、(Z)の五つのレベルにわける。(A)〜(C)はグローバルな貨幣に依存しない経済であり、(Y)、(Z)はそれに依存する経済である。

(A)レベル1：一〇〇パーセントローカルな贈与経済
(B)レベル2：ローカル経済圏内で、地域通貨やバーターに基づく共同自給
(C)レベル3：贈与経済＋貨幣経済への最低限の依存
　レベル4：地域通貨＋貨幣経済への最低限の依存
(Y)レベル5：「環境を配慮した」グローバルな貨幣経済
(Z)レベル6：一〇〇パーセントグローバルな貨幣経済

ボイル自身は、世界全体が(A)に到達することを望んでいるようであるが、筆者はそのように考えていない。(A)から(Z)までの経済が混在していて、それぞれの人が自由に選べるような世界であってほしいと思っている。そして、お互いがレベルの違う経済を排除しないことを望ん

でいる。自由な選択肢があることが人々を幸福に導くはずだし、それが理想的であり、かつ現実的であると考えている。

3. 経済レベルと技術の性格

複雑で高度な技術が必要とされる機械は、自前では製造できない。市場でそれも高度になるほどグローバルな市場で調達しなければならない。したがって、市場への依存度が異なる五つの経済レベルでは、使用される技術の性格も異なってくる。それで技術の性格をいくつかの角度から見ていこう。

(1) 身体に具現された知識・技能と道具・機械の関係

これは要するに作業の際に、人間が主人で道具・機械を使うのか、人間が道具・機械が作動する時に補助的な存在なのかである。後者の場合、人間は道具・機械が出来ない一部の作業を補なったり、道具・機械の補修・点検をすることになる。近年では補修・点検もＡＩ／ロボットの進歩で自動的に行うようになってきている。そうなると人間の仕事は始動・停止のときのスイッチを押すことぐらいになる。もっとも始動スイッチもタイマーで自動的に入るようになるので、それも必要なくなる。

道具とは一般に物を作ったり仕事をはかどらせるのに使うものの総称である。そのように考えると道具を使用するのは人間だけとは限らない。動物が石ころや小枝を餌を得るために巧みに使う事例は数多くある。

一方、機械とは、外力に抵抗できる物体を組み合わせ、動力によって一定の運動を起こし、その結果、有用な仕事をするもので、原動機構・伝達機構・作業機構の三つの部分からなるものである。その中の一つを欠いたものは器械・器具と呼ばれる（『岩波国語辞典』第3刷、1984年）。一般には作業機構のみのものを器具あるいは狭義の意味で道具と呼んでいる。

篠原徹は『自然を生きる技術』（2005）で、人間と道具・機械との関係に関して、「アフリカモデル」、「日本モデル」、「フランスモデル」という三つの技術モデルを提示している。

まず「アフリカモデル」は、自然や社会状態を現状のままにして、あり合わせのもので器用にやり抜くといったものである。言ってみれば「人間の道具化」である。一方、日本モデルは、機能が未分化の単純な道具を、人間の巧みさで多様に、そして有効に使いこなそうとするもので、より良い結果を得るために人間の労を惜しみなく注ぐことになるため「道具の人間化」と言える。最後の「フランスモデル」は、個人的な巧さに依存せずに、誰がやってもよい結果が得られるように道具や装置を工夫するということである。できるだけ人間以外の道具を使って、しかも大きな結果を得ようとする「二重の人間非存在」を指向するものと言える。

⑵ 本源的生産要素との関係

これは、⑴で検討した人間と道具・機械との関係ならびに産業構造、あるいはなりわいの構造、とかかわる。当然のことであるが生産活動や仕事そして生活スタイルが機械に依存すればするほど、資本が重要になる。

資本にはいろいろなものが含まれ、意味は多様である。入門的な経済学の教科書で本源的生産要素として、労働と土地と並んであげられる資本は、主として実物資本をイメージしている。実物資本には機械や工場などの設備である固定資本、そして原材料などの流動資本がある。貨幣の受取と支払の時期的ズレで必要となる資金繰りや将来の投資や損失の補填のために貨幣を保持しておかなければならないが、それらは資本としての貨幣である。

一方、生産技術は一部分は機械や設備と一体化されているが、ソフトウェアとして独立するものや、経営戦略に必要な情報等も資本に含めてとりあつかわれる場合がある。

道路、港湾、空港、通信網などのインフラは社会資本として、民間が保有する資本と区別される。社会資本に、国民の教育水準、国防、治安、モラルや文化水準などを含める場合がある。その中で特に狭義の文化に関するものは文化資本と呼ばれる。

人類の経済社会の変遷をきわめて大雑把に見たとき、奴隷経済、封建経済、資本主義経済にわけられ、それぞれは古代、中世、近代に対応する。もちろんそれぞれの経済はその時代で優勢になったもので、どの経済も時代を超えて残骸は残る。例えばアメリカ合衆国の南部では近代になっても奴隷経済であったのは衆知の史実である。

奴隷経済と封建経済の生産基盤は農業で、土地と労働が重要な生産要素であった。人口が比較的少ない古代にあっては、土地に比べて労働が希少な生産要素となり、労働力を確保するため奴隷制となった。肥沃な土地が広がり自然の恵みが豊かであると、人々は厳しい労働を避ける。人々に意に添わない労働を課すには強制が必要であった。

人口が増加するにつれて土地が労働に比べ比較的に希少となる。それで土地の奪い合いに立脚するのが封建制度である。中世の戦争は洋の東西を問わず土地をめぐる争いであった。奴隷経済と封建経済では、人力と畜力、それに風力、水力を動力とした簡単な道具や器具は使用されたが大がかりな機械は使用されなかった。産業革命は資本が最も重要な生産要素となる経済へと一変させた。

⑶ エネルギー

蒸気機関の発明によって、産業革命はエネルギー革命をもたらした。蒸気機関は水を熱することで蒸気を発生させ、その蒸気でピストンを動かし、熱エネルギーを動力エネルギーに変換する。この蒸気機関が発明されるまでは、動力として人力、畜力、風力、水力を使用したが、熱エネルギーから動力エネルギーを得ることを知らなかった。あるいは知っていても、大規模に生産活動に用いることがなかった。

なぜ産業革命がイギリスから始まったのかについては様々な要因があげられるが、木材資源の枯渇が一つの要因としてあげられる。イギリスは土地が平坦で森林の開墾が進み木材が不足するようになった。それで暖房にも石炭が使われるようになる。

それで最も困ったのは鉄の製錬である。木材が不足したイギリスでは鉄を十分製錬できず、スエーデンなど北欧から輸入していた。そこで木材に替わり豊富にある石炭で製錬できないかと考えた。しかし石炭は硫黄分を含むという難点があった。一七〇九年にA・ダービー(1678-1717)が石炭を乾留してコークスにすることでこの難点を解決し、その後さまざまな改良が加えられ、良質でしかも大量に製錬する技術が確立していく。

鉄の需要拡大は石炭の需要を拡大し、石炭の採掘と運搬に蒸気機関が利用されるというウィンウィンのスパイラルが進行することになる。このように化石エネルギーの石炭を使用することで、動力エネルギーを自由に必要に応じて確保できるようになった。その後、内燃機関が発明され熱源としては石炭が石油に替わり、原子力も使用されることになるが、熱エネルギーを動力エネルギーに変換するということに関しては同じである。

機械を動かし大量に物を生産し、自動車、鉄道、船、飛行機を使って大量にかつ迅速に物や人を運ぶのに膨大な動力エネルギーを必要とし、したがって化石エネルギーを使う。

(4) 素材

初期の人類社会では、日常品や狩猟に使う道具などは、木や石、動物の骨・毛皮、植物繊維などの天然素材で作られた。文明が発達して装飾品などに金・銀などの貴金属や武器・農具などに鉄が盛んに使用されるようになった。これら金属は天然に存在するものであるが、そのまま使用できる純度の高いものは稀である。大量に使うには製錬の技術が必要である。

これに対し、ビニール、プラスティック、人工塗料、農薬など化学製品は天然にあるものでなく、人間が人工的に創り出したものである。

⑸ 品種改良

人類は狩猟採集の長い期間を通じて、生活に役立つ動植物を選別してきた。そしてとくに重要なものを人間の手で増殖するため、遊牧、牧畜、農業を営むことになった。この過程で人為選択して優秀な品種を残してきた。この人為選択に適応した品種が残ることが、ダーウィンにインスピレーションを与え、自然淘汰による進化論の淵源となった。

自然界では偶然に異品種が交配して新しい品種が生まれるが、人間は人為的に異品種を交配することで品種改良を行っている。

突然変異は何らかの原因で遺伝子が変異して生じるが、人間は人為的に遺伝子操作することで、突然変異を生みだしている。

⑹ 自然への対応

人工素材の開発、遺伝子操作による新しい品種、医学の世界ではワクチン開発、臓器移植などは、自然の営みからの逸脱であると考えられるが、今後一層進みそうである。これに対して、神の領域への侵入として宗教上の理由から、あるいはそうでなくても抵抗感を持つ人は少なくない。自然への対応に関しての考えの相違である。

人間社会の変遷を生命進化の一環として捉えたとき、人間は自然の一部であり、自然なくして人間は生きていくことが出来ない。自然の生態系は動植物の相互依存で成り立っていて、それらの動植物がいなければ人間は生息できない。したがって、われわれの共感をすべての生き物と自然全体の美しさまで広げる必要がある。また、「自然との共生」という言葉がよく引き合いに出される。「共感」なら理解できるのだが、「共生」という言葉には少し違和感がある。繰り返すが、人間も自然の一部であり、人間は自然がなければ生きていくことができないが、自然のほうは人間がいなくても支障なく存在できる。さらに、ほかの生物からすれば人間は「やっかいなもの」でしかないため、「人間と自然との共生」とは実に「おこがましい」ことになる。

建築家の黒川紀章（1934-2007）は、建築のテーマとして「自然との共生」を掲げていた。そして、「共生」について深く洞察している〔黒川紀章（2006）『新・共生の思想』黒川紀章著作集Ⅳ（評論・思想Ⅳ）、勉誠出版、参照〕

黒川によると、共生とは異質なものの平和な共存であり、そのためには相手の異質性がたとえ理解し難く、不合理なものに見えても認め、「聖域」として敬意を払うべきであるとしている。そして、この共生の概念は、妥協・混合・折衷とは本質的に異なるものであるとしている。もちろん、弁証法的な展開とも違う。

ところで、人間はほかの生物と違って、自然に対して意識的に手を加えることによって都合のよいように改造してきた。この人間の自然に対する向き合い方については、以下に挙げるように両極の考えがある。

Ⅰ.「自然順応型」と呼べるもので、あるがままの自然を受け入れ、いたずらに手を加えるべきではないという考え方。豊かな自然の恩恵や、逆に自然の猛威にさらされなすすべもない状況を経験すると、自ずとこのような思いが芽生える。

Ⅱ.「自然征服型」と呼べるもので、積極的に自然に働きかけ、人間の都合のよいように改造していくべきものだという考え方。この考え方の根源は、『旧約聖書』の「創世記」にあると言われている。創造主である神は、人間を神の姿に似せて創造し、他の創造物より上に置いた。そして命令した。「産め殖やせ、それらを地に満たし、それを服従させよ。海を泳ぐ魚も空を飛ぶ鳥も地上の動くあらゆる物を支配せよ」。

この二つの考え方は、おそらく人々が暮らす自然条件の相違によって生まれたものと思われる。砂漠に近い乾燥地帯では、木々を植えて緑を増やすことが自然を征服したことになる。一方、熱帯雨林やモンスーン地帯の豊かな森林があるところでは、自然が生活に必要なすべてを与えてくれるので、自然に手を加えるのは、控えるか最低限にしなければならない。自然は豊かな森を与えてくれるので、木々を伐採することがむしろ自然を征服することになる。アメリカのカリフォルニア州ではゴルフ場の建設が自然保護につながるが、日本では自然破壊になるということで、反対運動が起きる。

また、黒川〔前掲〕によれば、異質なもの同士が「聖域」を主張するだけでは共生にならず、平和裏に共存するためには中間領域が大きな役割をもつと言っている。双方が「聖域」を守りながらも、共通のルール、共通の理解を可能にする領域がなければならないとしているのだ。この了解的な領域は仮説的であり、固定的なものではなく流動的なものである。したがって、共生は対立しながらもダイナミックで、緊張感があるものとしている。

そうすると、両極端にある二つの中間領域にさまざまな考え方を見ることができる。この中間的な領域を、「自然の改造は可能であるかないか」、「積極的に改造するべきかどうか」という二つの軸で整理すると次の①〜⑤のようになるだろう。そして、これらの異なる考え方が、互いに排除しないで共存することが「自然との共生」であると考えられる。〔駄田井・浦川〔2011, pp.98-109)〕

①自然改造は不可能であり、かつするべきではない。絶対的順応の考えであるが、地球温暖化など長期的な自然変化で、短期的には人間の都合のよいように改造できても、結局は自然から【しっぺ返し】されることを考慮に入れるべきである。

②自然改造はある程度可能であるが、成功は難しく無駄に終わるのでするべきでない。

③自然改造はある程度は可能であり、必要に応じてある程度はするべきである。自然を人間の都合に合わせて改造していくが人間の進歩や文明の進化につながるとしながらも、そのことが仮に究極には可能であるとしても、完璧なまでにそれを遂行するべきでないとする。なぜなら、人為的にすべてをコントロールするよりも、自然の条件を考慮して順応させた方がうまくいく場合があるからである。例えば、施設栽培よりも路地栽培の方がうまくいく可能性がある。

④自然改造はある程度は可能であり、できる範囲まで改造するべきである。自然を人間の都合に合わせて改造していくことが望ましいとしながらも、完璧に人間の都合に合わせることは不可能であり、また人間の能力に限界があるので、ある程度自然に従って順応しなければならないとする。

⑤自然改造は限度なく可能であり、積極的に改造するべきである。人間の能力の可能性を

信じ、人間の都合に合わせて自然を作り変えていくべきだとする。人間の歴史は自然との闘いが続くと考える。

この五つの考え方に対応して、使用する技術によってその性格も異なってくる。人間はモノをつくるなど何らかの行動を起こすとき、自らの身体、情報や知識、道具・機械を使用することになる。そして、機械の使用が多くなると、自然にかかわる情報や知識よりも機械の操作などに関するものが重点的になる。機械を使用すれば、それを動かす動力源も大量に必要となるため、自然のエネルギーでは不十分となり、化石エネルギーに頼ることになる。

また、機械による生産では素材も画一化する必要が出てくるので、自然のものよりも人工物が多くなる。五つの考え方と技術に関する性格の関係を整理すると【表3-1】のようになるだろう。

マーク・ボイルの「無銭経済」も、自然と人間の深いかかわりに基づいたものであり、無銭経済のレベルは、人間の自然への対応と関連する。たとえば、貨幣を使用しないことは日々の生活を市場に依存しないということになり、生活に必要なものはできるだけ自分でつくることになる。また、それをつくりだす道具や機械、そしてエネルギーも、できるだけ市場から調達

表3−1　経済レベルと技術の性格

	経済レベル				
技術の性格	(A)	(B)	(C)	(Y)	(Z)
身体・知識・道具・機械	身体＋自然知＞道具・機械			身体＋自然知＜道具・機械	
技術モデル	アフリカモデル		日本モデル	フランスモデル	
生産要素	土地＋労働＞資本			土地＋労働＜資本	
エネルギー	自然エネルギー			化石エネルギー、原子力	
素材	自然素材			人工素材	
品種改良		原種と改良種の混在	原種と改良種の分離		遺伝子操作
自然への対応	①	②	③	④	⑤

出所：駄田井・浦川［2011］110ページ。一部改変。

しないようにするほか、つくりだす道具も簡単なものとなる。

一方、高度な機械を大規模に使うと、それに必要とされるものを市場に依存するようになる。

したがって、成熟社会では、少なくとも異なったパラダイムに基づく五つの経済レベル地域があり、それぞれが理想とする地域づくりを行う。各地域のパラダイムに反対しないかぎり、誰もが望む地域に住むことができる社会である。そして、これらの経済レベル地域は互いに連携しており、必要な情報や技術を共有していることが基本となる。

たとえば、仕事場は(Z)経済レベル地域にあるが、ネットによる在宅勤務で(C)経済レベル地域に住むことも可能である。また、仕事は(Y)経済レベル地域で行うが、休日は(A)経済レベル地域に住むこともできる。

4．経済レベルのパラダイムと具体的イメージ

前節で五つの経済レベルとそこで採用される技術の性格について考察した。多様性を重んじる成熟社会では、この五つの経済レベルは互いに排斥することなく共存することが望まれる。

ここで考えなければならないことは、成熟社会の国づくりにおいてはどの組み合わせを基本とするかとなるが、人々の感性と考え方は多様であるため、どれを「よい」とするのかについては一概に決めることができない。ましてや人間は、年齢とともに感じ方や考え方が変わる動物である。たとえば、若いときは(Y)、(Z)がよいと思っていても、年齢を重ねると(A)～(C)になるといった可能性が大きい。したがって、どれかの組み合わせを選んで一つに統一するのではなく、それらが共存する形でなければならない。

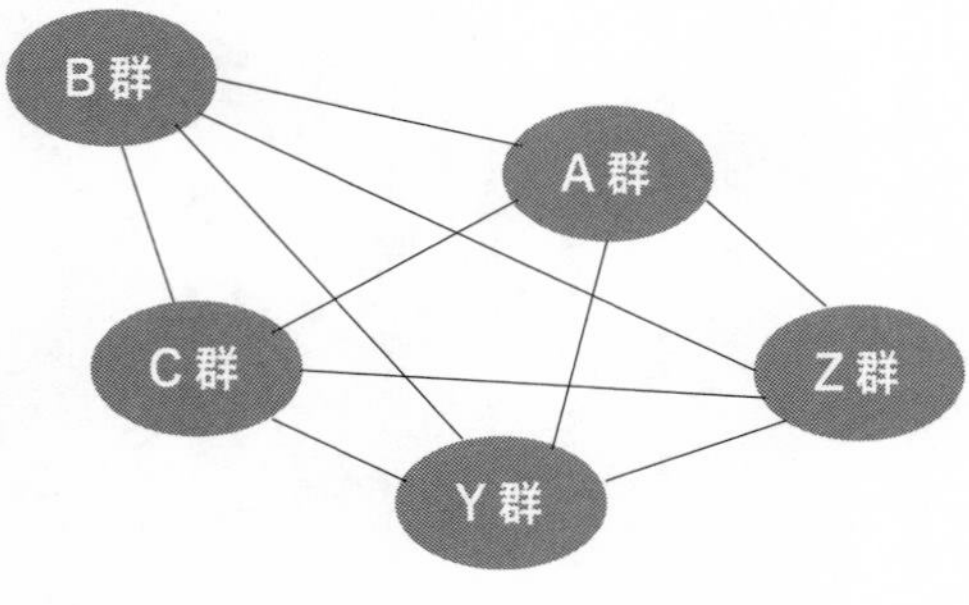

表1—1　地域間の連携イメージ

考えやパラダイムが対立して異なっている場合、各自がそれぞれの考えに従って行動したとしても、全体として問題がなければ無理に統一する必要はない。その結果、「うまくいくもの」と「そうでないもの」が生ずれば、それを修正していけばよいだけだ。つまり、自由裁量の余地を残すべきだということである。

このような経緯のもとに生物は進化してきたわけであり、それは自由な競争的市場や楽市楽座の原理でもある。いたずらなイデオロギー論争は、趣味の世界では意味があるかもしれないが、現実には不毛なものでしかない。

しかしそれぞれの経済レベルは採用する技術が異なり、経済を支えるインフラも異なるので、一つの地域で混在するよりも、地域別に経済レベルが異なっていた方が円滑な運営になる。例えば、自動車と馬車が同じ道路を走るのは、速度も違うし運転操作も違うので、交通停滞や事故の原因になる。高層ビルの下に藁屋根の一軒家があると、日当たりや風の流れに支障があるだろう。農薬散布する近代的大規模農園と無農薬・有機の農園は混在しない方がよい。狩猟採集レベルの経済は広大な手づかずの自然を必要とするので、人口集中する都会の近くに立地できない。

(A)～(C)、(Y)、(Z)の経済レベルのゾーンが「共存」あるいは「共生」するためには、地域ごとに異なった組み合わせをそれぞれが選び、それを地域づくりのパラダイムとして運営し、人々が自由にその地域を選べる。言ってみれば、多様なユートピアがある社会である。

① 経済レベルⒶの地域パラダイムと具体的イメージ

この地域における生業は主として狩猟採集の暮らしにあり、自然へのほぼ完全な依存である。

狩猟では、弓矢は使うとしても銃を使うかどうかで市場への依存度が異なる。火縄銃は江戸時代にも使われていたので、村の鍛冶屋で作れるかどうか。鍛冶屋で作れるなら、獲物との物々交換ができるだろう。また薬莢は地産できるかどうか。いずれにしても、いかに徹底して地域内のもので間に合わせようとしても、ある程度は地域外から調達しなければならないだろう。その場合、貨幣を使用しないとすれば、定期的に市を開いて地域の内外と物々交換することになる。

電気の使用をどうするかも検討事項で、太陽光、小水力、風力、バイオによる自家発電であれば、その使用を住民各自の判断にまかせてもよいだろう。

自動車は出来るかぎり使用しない。それも電気自動車に限るべきだろう。交通手段は、陸上では馬、水上では舟を利用する。舟も可能な限り動力を使わない。したがって、道路はできるだけ舗装しない。しかし、定期市の開催地には、他の地域からの来訪者の便宜のために舗装道路や鉄道があっても良いかも知れない。

ラジオ、テレビ、インターネット、携帯電話などの使用に関しては、個人の判断にまかせるが、地域政府はそのためにインフラ整備はしない。治安、緊急医療が政府の主な仕事である。財源は住民からの物納と労働の提供である。政府は定期市で物納品を必要な物資に換える。定期市で手に入らないものはグローバル貨幣に換えて調達する。財源の不足は政府が観光業などで賄う。

② 経済レベル(B)の地域パラダイムと具体的イメージ

この地域の生業は、伝統的な小規模農業、沿岸・淡水漁業、環境保全・防災と一体化した林業であり、循環型である。

農園では、耕作に牛、馬が使用される。耕運機は使用されても小型である。したがって、この地域はおおむね中山間地にあり、海辺も山が迫った入江になっている。農地は棚田や果樹園そして放牧地が主である。山間部では林業も兼ねることができ、海辺では漁業を兼ねることができる。農法は無論、無農薬、有機栽培で肥料は地産地消である。施設園芸は温泉熱やバイオの熱を利用するものに限られている。

道路の舗装も最低限にして、馬や馬車が支障なく通行できるように配慮されている。漁業も沿岸で行われ養殖は盛んでない。川や湖での淡水魚の漁業も盛んである。電気の使用は一般的であるが、自然エネルギーを活用した循環型発電で、自家発電も盛んであるが、共同で比較的大規模な発電所を設置して近隣の需要をまかなっている。

贈与や物々交換がもっぱらであるが、地域通貨も流通している。地域通貨は地方政府が発行するものと、民間がコミュニティ銀行を設立して発行するものとがある。どちらの地域通貨も納税に使用できる。グローバルな通貨は一般には流通していないが、入用になったときは、コミュニティ銀行で地域通貨と交換できる。この地域での地産地消達成率は九〇%を超えるのが目標である。

③ 経済レベル(C)の地域パラダイムと具体的イメージ

この地域での生業は(B)地域と基本的に変わりはないが、地域通貨と共にグローバル通貨も流通している。この地域の住民は農林水産業を主軸としながらも、それ以外の仕事にも従事している。他の仕事との兼業であって、いわば半農半X、半漁半X、半林半Xが盛んである。

Xとしてまずあげられるのが観光である。グリーンツーリズムやブルーツーリズムで地域外から人を呼び込みいわば外貨を稼いでいる。

次にXとして文化産業、文化関連産業それにスポーツなどの新文化産業である。特に経済的に自立が難しい芸術家、音楽家、役者、プロスポーツ選手は、農林水産業との兼業は魅力的だ。そして観光振興にも役立つ。

もちろん、IT関係のリモートワーク地としても人を惹きつける。定住しなくても期間限定して滞在するのも一案である。

教育関連の仕事もXとして成り立つ。ガブールは成熟社会の教育として「ロビンソン・クルーソー・コース」を提唱したが、このコースの実践地としてこの地域は最適だ。

④経済レベル(Y)の地域パラダイムと具体的イメージ

環境に配慮した田園都市で、「人間の能力を強化し洗練に関する産業」[1]が主軸である。したがって、大学などの高等教育、研究開発、医療、福祉などの機関が立地し、その先端的な技術

1 第三次産業は、第一次産業と第二次産業以外のものであって、極めて雑多な職種が含まれている。現在経済では、第三次産業が肥大化し、80％以上の人が働いている。これを職種の特徴に応じて分類しないと経済の実態がつかめない。一つの考え方として、三つに分類し、（新）第三次産業として、家事サービスおよびこれに準ずるもの、第四次産業として、分業を可能にして促進するもの、そして第五次産業として、人間の能力の洗練と強化に関するもの、とする。詳しくは駄田井・浦川（2011, pp.70-75）を参照されたい。

やノウハウを蓄積している。

この地域は一般に平野部や臨海部にある。したがって、農業は生業や文化としての農業としではなく、比較的大規模で産業として経営される。AIやロボットなど先端的技術が積極的に採用される。

⑤ 経済レベル(Z)の地域パラダイムと具体的イメージ

この地域には人工的なグローバル都市や工業地帯が立地する。

グローバル都市は商業、金融の中心地であり、その中には多国籍の市民から成る自治権が保障されたチャーター都市がある。

地球環境の保全には、この地域はできるだけ空間的には広がらない方がよい。したがって、都市や工業地帯はできるだけコンパクトである方が望ましい。

5. 地域間交流と連携

当然ながら(A)～(C)の地域は、自然への対応という点では、できるだけ自然に手を加えないようにする。そして、人々の暮らしもコミュニティ経済圏での贈与、物々交換それに地域通貨が使用され、市場経済への依存は限定的である。(Z)地区はグローバルな市場経済圏に属する。(Y)地区は(Z)地区と(A)〜(C)地区の緩衝地区となっていて、グローバル経済の弊害が直接的に(A)〜(C)地区に及ばない役割を果たすとともに、最先端の医療や情報・技術の恩恵を(A)〜(C)地区の住人が利用できる便宜を与える。

(A)〜(C)の地域が存続することを社会全体で保障することは、グローバル世界の影響に左右されないで、生活が自立的に維持される地域があるということである。この存在がグローバル世界の衝撃が社会に壊滅的打撃をもたらしたとき、この地域が生き延びる技術とノウハウを与えてくれる。

(A)〜(C)の地域がグローバル世界から隔絶されていても、そこからのメリットは享受可能であれば享受してもよいだろう。また人工的な味気のない都市に住む(Z)地域の人達も身近に自然に触れる機会があればいいだろう。それで連携の一環で(Z)パラダイム経済の飛地を(A)〜(C)の地域に置くのも良いだろう。もちろんその飛地は広くなくせいぜい1〜2㎢にとどめておく必要がある。そうでないと、ミイラ取りがミイラになる可能性がある。

繰り返すようだが、人びとは自分の好みに応じて好きな地域に居住する。複数の地区に住むのも可能である。人は年を経ることで感じ方も考え方もかわるので、年代に応じて居住地を変わるのも自由である。これらの多様な地区が共存することで、人々の幸福感をたかめ全体社会の持続を可能にする。

これらの地区が共生していることが、成熟社会にふさわしい教育と人格形成に、実践的役割をはたす。

第3章　日本の文化と文化力

1．日本の文化は特色をもつか

この章の目的は、われわれ日本人が培ってきた日本の文化と富を幸福に変換する能力としての文化力との関係について考えることである。このテーマが意義を持つには、世界の中で日本が培ってきた文化は他の文化と比べて、「日本文化」と特筆して呼べるほど特性があるかが問われることになる。特に近代社会で支配的になっている西洋文化と比べて、異なった特性をもつかどうかが問われる。

日本文化については、美術や芸術の分野では、はっきりとした特性があることは世界に認められている。陶磁器や浮世絵などの絵画が、西洋美術に大きな影響を与えたことは周知のことである。もっとも陶磁器や水墨画などの絵画は中国から、あるものは朝鮮半島を通じて変容して、伝わったものであり、日本固有のものではない。しかし、長い年月をかけて日本人の手で独自に発展し、中国伝来のものとははっきりした違いがある。

陶磁器に関し、その違いは茶器に顕著である。中国伝来のもの完全なる形、鮮やかなデザインと色彩であるが、一方日本の場合、特に利休以後の茶器は、非対象で変形して歪んだもの、わび、さびと言われる色彩が地味なものが珍重される。もっともこちらは西洋人には好まれないので、輸出用のものはデザインや色彩は鮮やかな中国風である。それだけに日本人の美意識には特性があると言える。

思想においても西洋思想とは違いがある。特に自然観においては、西洋文化の根底にある「自然征服」の人間中心イデオロギーとは一線を画す。このイデオロギーは、自然を人間から切り離し客体化してとらえて、人間の都合にあわせて改造していくべきであるとするもので、それを人類の進歩とみなす。日本の場合、人間と自然は一体的で切り離せない存在で、人間以外の動植物への共感がある。もっともこの哲学的背景はインド由来で中国を経由して伝わった仏教思想の影響があるが、心情としては日本古来の自然崇拝に直結した神道的なものに根を置いている。日本人は、人間社会に疲れたときは自然に触れることで癒され活力を回復してきた。

現在の日本社会は大量生産＝大量消費の使い捨てファッションに毒されているが、「もったいない」という言葉[1]で代表されるように、そのものの持つ価値を最大限に活かして、大切にして無駄にしないという精神を伝統として受け継いでいる。中野孝次はベストセラーになった『清貧の思想』（草思社、1992年、p.4）で次のように述べている。

いま地球の環境保護とかエコロジーとか、シンプル・ライフとかがしきりに言われているが、そんなことはわれわれの文化の伝統から言えば当り前の、あまりにも当然すぎて言うまでもない自明の理であった、という思いがわたしにはあった。われらはだれに言われるより先に自然との共存の中に生きて来たのである。大量生産＝大量消費社会の出現や、資源の浪費は、別の文明の原理がもたらした結果だ。その文明によって現在の地球破壊が起こったのなら、それに対する新しいあるべき文明社会の原理は、われわれの先祖の作りあげたこの文化―清貧の思想―の中から生まれるだろう、という思いは私にはあった。

ここで清貧とは、たんなる貧乏ではなく、みずからの思想と思索によって積極的に作り出し

1 二〇〇四年に環境分野でノーベル平和賞を受賞したケニア人女性ワンガリ・マータイ氏（1940-2011）が二〇〇五年に来日し、日本人のもったいない精神に感銘を受けて“MOTTAINI”として世界にアピールした。英語ではtoo good to wasteと訳される。

た簡素な生の形態としている（中野、前掲 p.141）。そして西洋文化が生み出した科学文明を以下のように評している（中野、前掲 p.153）。

人間をあらゆる被造物の中で最も優れたものとして、自然を征服し人間に従わせるという考えは、人間の傲慢であると私は思う者です。自然を対象として切り刻み分析し利用するという態度から、近代科学文明が発達し、われわれは今その恩恵を蒙っているのですが、その科学文明がいかに地球を傷つけ破壊してしまったかも一方では見ています。そこから自然保護エコジーとか呼ばれたのですが、自然をこのように友として来たわれわれからいえば、そもそも根元が間違っているのであって、自然に対する態度を変えないかぎり根本的な解決はないだろうと思われる。その意味でもわたしはわれわれの先祖に対する姿勢、心の持ちようは、もう一度見直すに値すると信ずるのです。自然を征服するよりこのほうがどんなに美しいか知れません。

また著名な文化人類学者クロード・レヴィ゠ストロース（1908-2009）は代表作『悲しき熱帯』（原著 1952 年）の日本語完訳版（2001 年）に寄せた序文で、次のように述べている。

もし日本文明が、伝統と変化のあいだに釣り合いを保つことに成功するならば、つまり、日本文明の生んだ賢者たちが教えたように、人類はこの地球に仮の資格で住んでいるにすぎず、その短い過渡的な居住は、人類以前にも存在し、以後にも存在しつづけるであろうこの世界に、修復不能な損傷を惹き起こすいかなる権利も人類に与えていない、ということを日本文明がいまも確信しているならば、もしそうであるならば、この本が行き着いた暗い展望が未来の世代に約束された唯一の展望ではない（すくなくとも世界の一部においては）という可能性を、微かにではあれ、私たちはもつことができるでありましょう。

このように、日本文化がもつ特性については、内外からの指摘がある。レヴィ＝ストロースが言うように日本文明と言うには少し抵抗があるが、日本人が培ってきた文化は、日本文化として特性を有し、したがって本章のテーマは意義を持つと言えよう。

2. 幸福と幸福の条件

富（経済力）を幸福に変換する能力としての文化力を語るには、幸福について、あるいは幸福実現にかかわる条件についてある程度の理解が必要である。

では具体的に人はどういう状況で幸福と思うのか、あるいは幸福感に浸ることになるのかであるが、それは一概には言えず、千差万別で実に多様である。例えば、簡素な清貧の生活をある人には幸福とするが、別の人にとっては決して幸福でないかも知れない。平穏な生活を好む人は多数だが、そのような生活には耐えられない冒険家も少なくはない。また、一般にはホームレスの生活は不幸とみなされるが、その状況を望む人もいるのである。

考えてみれば、人々の感性、性格それに能力が一様でないということは、社会の平和をたもつために役立っていると言える。人々のこれらの属性が同一であれば、同じ目的を志向して激烈な争いを生み、人間が集団生活を営む大きな障害となる。生物は多様性を保持する方向で進化してきたのである。効率化を追求して人間を画一化しようとするのは、社会の持続可能性をそこなう。

幸福感は人によって異なるが、同じ人でも人生経験を積むことで年齢によって異なってくる。経験を積むことで、幸福と思っていたことがそうでなかったり、不遇と思っていたことが幸福と思えるようになったりする。そして、「禍福は糾える縄の如し」とか「人間万事塞翁が馬」とか言われるように、本人にはどうすることもできない環境の変化で、幸福な状況が不幸な状

況に転じたり、逆に不幸が幸福に転じたりする。＊

　幸福ということについて、体系的に説明することは難しく、あるいはむしろそうする事は間違いであるかもしれない［堀（1979, p.20）］。せいぜい言えることは、世の苦しみに対して解決の見通しがあり、人生に生き甲斐を感じること、であろう［笠原（1979,p.90）］。そして、苦しみもその解決の見通しも人によって千差万別である。人生の生き甲斐も人によって違う。幸福とは主観的であり、また断片的なものであるかも知れない。

　しかし、幸福を実現する条件については、ある程度、客観的に言えるのではなかろうか。西周（1829-1897）は『人世三宝説』（1875年）を著し、幸福実現の条件として、健康・知識（智恵）・富をあげている［山田（1979b, p.126）］。説得力のある条件であるが、この三つの条件がそろっていても、幸せな人生を終えるとは限らない。また、三つの条件を欠いていても、幸せな人生を送った人もいる。正岡子規は健康に恵まれなかったが、病苦を超えて人生の生き甲斐を感じて、幸福であったのでなかろうか。そうではあるが、この三つの条件は間違いなく幸福実現の可能性を高めると言えるだろう。

＊　無常観　それを味わう　日本文化の一つの特徴か？

3. 幸福度の測定—主観的幸福度から明らかになった幸福の要因

幸福の中身は言葉では言い尽くすことはできないし、誰が誰より幸福であるとかの個人間比較も、日常の会話では話題になっても、客観的に判断できるものではない。したがって、幸福の度合いを測る尺度に関して、学術的な研究はあまりなされてこなかった。

経済学では、人々が財やサービスを購入した時、それから得られる満足を効用 (utility) と呼んで、人々の経済的活動はこの効用を最大にするように行動するものとしてきた。そして、財やサービスからえられる効用は順序付けが可能であるが、その大きさについては絶対的な尺度を想定していない。まして、効用の個人間比較も不可能であるとしている。

レストランでパンを食べるかご飯を食べるかを決めるとき、ご飯を選んだとすれば、ご飯の方がパンよりも効用が大きいと言えるが、何倍大きいかは分からないし、明らかにする必要もないとしてきた。AさんとBさんがランチで同じメニューを選んだときも、その時の満足の度合いである効用は、Aさんの方がBさんの方よりも大きいかどうかの比較はできないとしてきた。[2]

2 しかし、限界効用逓減の法則については、大まかな支持がある。感覚的に納得のいくことであり、また行動の指針として、一般的に大きな効用をもたらすものから実行する。

経済学のミクロ経済の分野では、効用の代償を事前的に想定するのではなく、事後的に選択された結果として、すなわち顕示された選考をもとに消費者の行動を分析している。したがって、市場価格を効用の度合いの代理変数として機能させている。高い金を払っているのは、それだけ効用が大きいということになる。しかし、これには根本的な欠陥がある。周知の水とダイヤモンドのパラドックスのように、交換価値である市場価格は使用価値である効用を反映しているが、希少性も反映しているのである。水は使用価値が高いが希少でないので交換価値は小さく、ダイヤモンドは希少なので交換価値が大きい。

市場価格を効用の代理変数として使用すると、一国の最終生産物の市場価格を総計したGDPは、その国で生産される財サービスが生み出す効用の総計とみなすことができる。言い換えれば、その国の経済活動が生み出す国民の満足度をあらわす。いわば経済的厚生の総計ということになる。そして、GDPは、知らず知らずのうちにその国の幸福の度合いを示す代理変数とみなされるようになり、国の政策としてその最大化を目指すことになる。成長神話を助長することになった。

しかし、これまでも述べてきたように、GDPをその国の幸福度や生活の満足度を表す代理変数とするには、重大な欠陥がある。そして、生活実感として、生活の満足の度合いとGDP

とは、かなりの隔たりがある。この隔たりの原因は、前述した水とダイヤモンドのパラドックスのように、市場価格の根本的な欠陥もさることながら、災害や疫病などの不効用をもたらすものも、社会的費用の増加を通じてＧＤＰを増大させることがある。さらに、家事や育児、ボランティア活動など非市場部門が生み出す効用は、市場価格を持たないゆえにＧＤＰに含まれないことなどにある。

このような状況のもと、幸福の決定要因（実現条件）を認識するために、効用や幸福度に関して主観的なアプローチの提案がなされた。フライ(pp.27-28)は、その利点として、次の三点をあげている。

（1）幸福の絶対的水準を比較することはできないが、主観的アプローチで人間の幸福を直接測ることができる。

（2）幸福は人間の究極の目的であり、雇用の安定、社会的地位、権力、所得などの外面的目標とは異なる。人々はこれら外面的目標は幸福実現の手段として欲している。

（3）主観的アプローチによる幸福度は、外面的目標との関係はもちろん、内面的な要因であるプロセスの効用、記憶効用や予測効用などとの関係を実証するのに使用できる。

主観的幸福度や生活満足度の測定は、個人へのアンケートによって実施される。もっとも簡単な質問は、四段階の「生活に満足している」、「どちらかと言えば満足」、「どちらかと言えば満足していない」そして「満足していない」などである。これに中間的な質問を加えて段階を増やす場合もある。また、「あなたの幸福度を0（とても不満）〜9（とても満足）の段階で判断した時、どの段階と思いますか」などのアンケートもある。

このようにして得られた主観的幸福度や生活満足度をもとに、さまざまな幸福決定要因を明らかにする調査が各国で実施されている。興味深いことに、国際的な比較や一国内での所得階層データでは所得と主観的幸福度の正の相関は大きくないが認められるが、時系列データでは正の相関は観察されない。したがって、幸福度の決定要因に関しては、所得以外の要因による説明が必要になっている［フライ（前掲、p.55)］。少し、各国の調査結果を見てみることにしよう。

ドイツでの調査結果

ドイツでの一九九二年と一九九七年のデータでは次のような結果が得られている［フライ（前掲、pp.45-56)］。

(1) 所得水準と生活満足度の関係は、明らかに正の相関が認められる。所得が増加すれば生活の満足度は高まる。主観的満足度は所得の増加ほど増加しないが、自己申告による主観的満足度は幸福の絶対的水準を表すものではないので、この結果の解釈には他の要因の考察を必要とする。

(2) 現状の所得水準とは別に、将来的に獲得したい所得水準も満足度に影響する。そして、その水準が高いほど現在の満足度は低下する。他者との比較とか、社会的地位や権力への野心などに影響されると、現在の満足度を低く評価する傾向がある。そして所得水準が時系列的に上昇するにつれて、獲得したい所得や社会的野心も上昇するようで、これが時系列データでは主観的満足度と所得水準が相関しない理由を説明する一つの要因と考えられる。

(3) 女性の満足度は男性より高い。一般的には女性は男性に比べて社会的地位や権力への執着が強くないと見なされているが、そうだとすると理由の一つになるだろう。

(4) 満足度と年齢の関係は、五〇歳ぐらいで底となるU字形となっている。子育てのストレスは満足度を低下させるようで、五〇歳でだいたい子育てが終わることが関係していることになる。またこの歳になると得られるだろう所得や社会的地位などの見通しが立つので、これらからくる満足度を低下させる要因の影響が緩和されるのかも知れない。

(5) 教育年数の多い人は、少ない人よりも、平均的な満足度は高い。教育水準と所得水準は相関があるが、この調査の推計ではこの相互関係は除去されていると考えられる。したがって、

「人世三宝＝健康・知識（知恵）・富」の知識・知恵が教育水準とかかわることになる。

ある調査では、テレビの視聴時間が長いほど生活満足度は低下するという結果が得られている［フライ（前掲、115-129）］。総務省の調査（2019年）では年代別のテレビの視聴時間があるが、テレビの視聴時間と教育水準についてはデータが得られていない。フライ（前掲、125-129）は、時間の機会費用とテレビの視聴時間に触れている。一般に時間の機会費用が高い人は、テレビに時間を費やすのを自戒するだろうということである。時間の機会費用が高い人として、自営業者（職人、弁護士、建築家、芸術家など）と社会的地位の高い人（経営者、高級官僚、政治家など）をあげている。

テレビ以外に楽しみを見つけている人も、時間の機会費用が高いとも考えられるので、時間の機会費用と教育水準とは関係がありそうな気もする。同じく総務省の調査によると最近の若者はテレビよりもインターネットに多くの時間を費やしている。テレビよりも選択の幅が広く、情報は一方的でなく相互性があるので、自主性がある。そうかといってインターネットに埋没している人の幸福度が高いだろうか。

(6) パートナーがいる人は、いない人よりも、平均的な満足度が高い。これはドイツ以外での国でも調査され、同じような結果が得られている［フライ（前掲、p.109）］。

男女のパートナーで子供を育てるという風習は、鳥類や哺乳類にも見られるもので、子孫を残すということで社会の持続性に根本的な役割を担っている。社会の持続性という意味から、結婚が幸福度をたかめるのは生命進化の方向と合致し、性的欲求とあいまって[3]人類にとって幸運なことである。結婚が幸福度を高めなかったら、社会は深刻な打撃をこうむるだろう。そして、人類は結婚という制度や風習に替わる別のものを見つける必要があるだろう。近年の離婚や結婚しない男女が増加している現象は、結婚に替わる別のものが生まれる前兆かもしれない。

スイスにおける直接民主主義と幸福度の関係

民主主義制度が整っている国の方が、独裁主義の国よりも国民の幸福度が高いという結果が、二六カ国で一九八八年と一九九八年の調査で得られている［フライ（前掲、p.83）］、スイスで一九九二年から一九九四年にかけて、民主主義の度合と幸福度の関係を調査している。ここで民主主義の度合いは、住民が政治決定に直接参加できる可能性で測られる。この調査が可能になったのは、スイスは直接民主主義の制度が整っていて、しかもそれは州ごとに、住民発議や

3 ダイヤモンド（1997）は、セックスの娯楽性を生態学的に分析している。

住民投票の条件にバリエーションがあって住民参加の度合いが違っているからである。

この調査の結果は、住民が直接参加できるほど、自己申告による主観的生活満足度は高まるということであった。この結果の意味するところは、住民は、①民主主義の度合いが高まることを、住民の権利が拡大するものとして好意的に見ている、②政治的な意思決定への参加がプロセスの効用を生む、ということである［(フライ（前掲、p.83)］。これらは人間が他人に従属することを嫌い、自分にかかわることはできるだけ自分の意思で決定したいということで、自由を希求する人間の根元的なものに関係しているように思われる。

人間の自由と自発性という根元的な欲求を裏付けるものとして、①自営業者の方が雇用労働者より幸福度が高い、②ボランティア活動をする人の方がそうでない人より幸福度が高い、という調査結果が各国の事例で得られている［(フライ（前掲、pp.89-107)］。

もっともこれに関しては、もともと幸福度の高い人が自営業者になることや、ボランティア活動をするとも考えられるので、必ずしも、自営業者になることやボランティアをすることで幸福度が高まるとは言えない。しかし、フライ（前掲、pp.96-98）は、旧東ドイツと西ドイツの住民を比較することで因果関係を確かめている。自営業やボランティア活動は幸福度をたかめるのに効果がありそうとの結論を得ている。

プロセスの効用

人々は、ある物事に関して、決定や得られた結果だけでなく、それに至るプロセスも気にする。富を獲得する場合も、それが不当な手段で獲得すれば社会から糾弾される。適応されたプロセスが「良い」場合には、当事者にとって不都合な結果でも受け入れる可能性があるが、逆にプロセスが「悪い」場合には、結果が当事者にとって好都合な場合でも、全体的な満足度はほとんど上昇しない可能性がある［フライ（前掲、p.135）］。このプロセスの効用は、従来の経済学ではほとんど注目されなかった。ガブールが示した人間の特性「人は苦労しないで手に入れたものは大事にしない」もプロセスの効用に関係する。

幸福度の測定から得られた幸福になるための「秘訣」

幸福度を測定することから幸福実現の要因について、さまざまな結果が導き出されている。これらの結果に対して人々が最も関心を寄せることは、それらの成果が「どうすれば幸福になれるか」に貢献できるかである。フライ（pp.179-180）は、これらの研究を踏まえて、幸福になるための一〇の「秘訣」をあげている。重要度の低いものから順次、若干のコメントを加えて紹介することにする。

(1)「天才でなくても、くよくよすることはない」。IQで測った知性が高ければ高いほど幸福になれるわけではない。頭の良い人は、期待も高くなるからである。

(コメント) 最も不幸なことは、自分の能力以上を目指すように家族や周りから期待や時には強要されることだ。人間の特性として、能力も感性も多様なので、その人の能力と感性にもとづく幸福を手に入れることだ。

(2)「もっとお金を稼ぐ、ただしある程度まで」。相対所得が高まれば幸福度も高まるが、その増加分は、程度が小さく一定の水準までの所得に限られており、国と時点によってもことなる。

(コメント) 幸福は所得以外の要因にも大きく依存しているので、所得を稼ぐことに集中しすぎると、他の要因がもたらす幸福を犠牲にしてしまう。

(3)「優雅に歳をかせねる」。健康と所得などの他の要因が悪化しない場合は、加齢とともに平均的には生活満足度が高まる傾向がある。この主な理由は、自分に残された時間が無くなりつつあることを意識し、自分の感情をコントロールして、幸福を感じられることを大切にし、それ以外は避けることを覚えるからである。

(コメント)身の程を知ってそれに満足する知恵がつく。これは決してあきらめではない。「富をのこすのは下、仕事をのこすのは中、人をのこすのが上」を実感してくる。

(4)「自分のルックスを他人と比べない」。容姿が整った人は、人に好印象をあたえるので幸運に恵まれて、幸福になる可能性は高い。しかし、幸福になりたいと思ったら、自分をモデルや映画スターと比べるのをやめた方が良い。有名人のイメージは、マスコミが流布する非現実的なものにすぎないことを理解しよう。

(コメント)「二十歳までの顔は親の責任であるが、それ以後は自分の責任である」との格言がある。人に好印象を与える努力が必要だろう。

(5)「宗教を信じる、でなければ他の何かを信じてみる」。神や死後の世界を信じることで、人間は意味や目的を与えられ、孤独だという感情も和らぐ。したがって、宗教は、不運に対処する際の心強い味方となる。

(コメント)宗教を信じることは悪いことではないが、原理主義者になることを警戒すべきだ。大事なことは、人生観を持つこと、自分にとって何が幸せかのビジョンを明確にすることだ。そして、人生観やビジョンは、歳をとり経験を積むことで変わっていく。原理主義に陥らないために、修正・変化するものだと思う方がよい。その方が、自分にどうすることもできない不運が訪れた時、その打撃からの回復力につながる。

(6)「他人を助ける」。幸福と利他主義には大きな関連性があり、思いやりのある人やボランティアをする人の幸福度は高い。

（コメント）人類は集団生活を営むことで、氷河期などの厳しい環境を生き延びてきた。人がほかの人の喜ぶのを見て喜ぶという感情は、集団生活を維持するのに好都合に作用する。この感情を脳にインプットされた遺伝子を持つ種族が生き残った可能性が高い。最近の研究では、集団生活をする霊長類にもこの感情があることが確認されている［ド＝ヴァール（2010, pp.167-168）］[4]。

(7)「多くを望まない」。人間は、「野心のギャップ」のせいで、所得が増加してもさほど幸福にならない。所得、友人、家族、仕事、健康など、自分が既に持っているもの以上を望まない人の幸福度は高い。野心の水準が下がれば、幸福度は上昇するのだ。

（コメント）欲望は欲望の充足とともに増大する。ある望みが達成されたら、もっとよいものを望むようになる。乗り物もスクーター⇒軽自動車⇒普通車⇒高級車へとエスカレートする。仏教に言う「餓鬼道」に陥らないようにしなければならない。

(8)「友達を作り、大切にする」。物質的なものをほとんど持たないけれど社会的な関係が充実している人は、そうでない人よりも、ずっとうまくやっている。ただし友人を作ることは時

4　そして、「わたしたちは人間であり、同時に思いやりがあるが、思いやりのほうが人間であるよりは古いかもしれないと考える。私たちの親切心はもっと大きな図式の一部であるかも知れない」と述べている。

間がかかり努力も必要で、さほど簡単なことではない。
(9)「結婚する」。結婚している人は独身の人よりも幸福だという証拠が示されている。興味深いことに、同棲のメリットは結婚と同じでない。その理由としては不確実性が考えられる。
(10)「遺伝子を最大限に活用する」。心理学の研究によると、幸福の「セットポイント（set point）」は生活満足度に大きな影響をあたえる。人間が受け継いでいる遺伝子は、このセットポイントの大半を決定する。幸福になるためには、幸福を支える性格やライフスタイルを身につけることが有効である。例えば機会費用の高い人は、テレビを見る時間を減らす工夫が必要だ。社交的な人は、一般的に、内気な人よりも幸福である。社交的な人は、友達と過ごす時間を楽しんだり結婚するなど、幸福になれる可能性が高い行動をとるからだ。
（コメント）この文脈は少し難解である。セットポイントとは規準レベルと解釈できる。例えば、人間の体温は三七度前後に保たれるように、身体が機能するようにできている。人間の幸福感は、根元的には本能に根ざしていて、本能から大きく離れると幸福感が得られないということだろうか。

そしてフライは、基本的なアドバイスとして、幸福になることを目標にすれば達成できるものでなく、幸福は副産物としてとらえるべきだとしている。つまり、幸福だけを追い求めているとかえって幸福が遠ざかってしまうが、何か他のことを追い求めていると偶然、幸福に近づくのかも知れないとのことである。

4. 文化と文化力

日本文化の特色について語るまえに、文化とは何か、そして文化と区別した意味での文明について、そしてそれらの文化力との関係について若干触れておく必要があるだろう。

文化（広義）とは

文化とは、あるいはその定義に関しては、これについて研究する人の数ほどあると言われている。その中で、最も広い定義は、鈴木・曽我部（1984）による「人間の成長と二つのタイプの情報（遺伝子情報・非遺伝子情報）のうち、非遺伝子情報に関するもの」だろう。人間が環境に適応して生きていくには、遺伝子に由来する本能的なものに依存するだけでなく、親や集団から受け継いだ後天的なものにも依存している。文化は人間が獲得してきた後天的な情報であるということに関しては、異論がないようである。

ところで生存のために後天的な情報を活用するのは、人間に限ったことではない。動物にも親などから教えられた後天的情報があり、学習もする。したがって、文化を生存のための非遺伝的情報とすれば、動物も文化をもつことになる。そして文化の概念を動物までひろげることで、文化の理解が深まるのではなかろうか。著名な動物行動学者フランス・ドゥ＝ヴァール(2010, p.14）は、次のように述べている。

法律や経済、政治を研究する人間は、自らの社会を客観的に眺める道具を持ち合わせていない。彼らは社会を何とくらべるというのか？人類学や心理学、生物学、精神科学の分野で蓄積されてきた、人間行動に関する膨大な知識を彼らが参照することは、まずない。そうした分野から得られる答えをひと言で言えば、人間とは集団性の動物である、となる。非常に協力的で、不公平に敏感で、好戦的なこともあるが、たいていは平和を好む。これらの傾向を顧みない社会は最適のものと言えない。

しかし、文化は人間に限られてきた。広辞苑（新村出編、第四版、岩波書店）では、文化は次のように説明されている。

①文徳で民を教化すること。

②世の中が開けて生活が便利になること。文明開化。
③(culture)人間が自然に手を加えて形成してきた物心両面の成果。衣食住をはじめ技術・学問・芸術・道徳・宗教・政治など生活形成の様式と内容を含む。文明とほぼ同義にもちいられることが多いが、西洋では人間の精神的生活にかかわるものを文化と呼び、文明と区別する。

文化①は、中国の古典に由来するもので、西洋概念の"culture"の訳語にあてられた。文化②の文明開化は明治維新の西洋近代化へのスローガンである。文化③は、"culture"の意味内容で、一般に、学術的に文化を論じるときはこの意味である。これに類する定義に以下のものがある。

●知識、信仰、芸術、道徳、法、習慣そして人間が社会のメンバーとして獲得したその他のあらゆる態度や習慣を含む一つの複雑な全体［山田浩之（1999, p.85)］。
●自然に対して、学問、芸術、道徳、宗教など、人間の精神の働きによってつくりだされ、人間生活を高めていく上の新しい価値を生み出していくもの［山田浩之（前掲、p.86)］。
●人間の現実的または創造的な生活経験の象徴化された形態である［宮島喬（1995, p.3)］。
●時代を超えて後に残す、有形無形のすべてのもので、以下の特色がある［渡辺通弘（前掲、

pp.61-62)」。

①特定の型や様式を持つ。②社会の集団の決まりとして、大多数に遵守され、それに対する疑問や批判は嫌われる。③伝統と同じく時代を超えて、維持、伝達される。④特定の民族、地域社会などの文化になることは、そのグループの特性を構成する不可欠の存在となる。

文化（狭義）と文明

文化と文明は、いまでも若干そうであるが、同じ意味で使用されてきた。これが、十八世紀になって、国民国家が確立するにつれ、ナショナリズムの興隆とともに、区別されるようになる。特に新興ドイツが、フランスの文化的ヘゲモニーに対抗する立場から、区別を主張した。広辞苑によると、文明は次にように説明される。

①文教が進んで人知の明らかなこと。

②(civilization) 都市化。㋑生産手段の発達によって生活手段が上がり、人権と機会均等などの原則が認められている社会。すなわち近代社会の状態。↑↓意味、野蛮。㋺宗教・道徳・学芸などの精神的所産としての狭義の文化に対し、人間の技術的・物質的所産。

これによれば、文明とは人々の平均的な文化水準であり、狭義の文化に対して物質的側面を指すようである。この見解は一般的同意を得ているようである。狭義の文化と文明の違いを意識した定義として、次のようなものがある。

●文明：技術の発展を中心とする物質的な面。文化：人間の精神的価値の成果［渡辺通弘（前掲、p.43)］。

●文化：人間が集団の成員として後天的に習得して共有する行動、思考、感性のくせ、ないしパターン。文化は、個々の人間集団に個性を与える要素たりえる。文明：人間の外的世界及び内的世界に対する制御と開発能力の総体。制御と開発能力は、それに対するフィードバックの能力を含む。したがって、文明は普遍的で累積的である。文明は特定の時代の特定の集団の担い手として現れるので、現実には常に特定の文化の刻印をおびて現れる［鈴木薫（2000, p.14)］。

●文化：考えたり感じたりするための知恵。文明：考えたり感じたりしないようにする知恵［福岡賢正（2000, p.219)］。

●文化：答えを鶴亀算方式で求める。文明：答えを方程式で求めようとする［筆者］。

文化と文明の概念や定義についての考察は、以後の議論の準備としては以上のことで充分であろう。

文化力について

ところで、この章の目的は、民族や地域の文化特性と文化力の関係、特に日本文化のそれについて考察することにある。文化力は、富の幸福への変換能力として定義され、計測可能を前提とすると、

文化力＝幸福度（生活の満足度）／物的豊かさ　(1)

あるいは

幸福度（生活の満足度）＝文化力×物的豊かさ　(2)

と表せる。広義の意味での文化は「文化力」には無論のこと「物的豊かさ」にも関連する。文明を文化と区別すれば、文明はもっぱら物的な豊かさに関係し、狭義の文化は文化力に関係

することになるが、文明が文化力の向上にも関係し、文化は物的豊かさにも影響力がある。

文明は普遍性を志向する傾向があるので、文明が生み出した成果としての物的豊かさも普遍性を持ち地域や国を越えて受け入れられる。その意味では、客観的な尺度で測定可能になる。物がもつ交換価値は、取引する当事者で合意されるものであるので、絶対的な基準にはならないが、ある程度の客観性を持つと考えられる。そうすると、物的豊かさを交換価値で測ることは、第一近似として取り上げる理由がある。

一方、物の効用や使用価値は、人それぞれによって評価が異なり、客観的な尺度で評価できない。もっとも、その評価は純粋に個人的である場合もあるが、大部分は所属する文化によって影響を受けている。

交換が成立するには、相互が交換によって得られる物の使用価値がはその交換価値より大きくなければならない。交換によってそれぞれが交換価値を上回る余剰価値をえる。従来の経済学では、この余剰価値が大きいほど生活の満足度は高まると考えてきた。生産が効率化や、交換のプロセスも有効に機能すれば取引費用が低下するので、交換価値は下がり、生活の満足度は高まる。生産構造や市場機構が効率的であれば、生活の満足度は、そうでない場合に比べて高くなる。したがって、物の豊かさを交換価値で測ると、文明は文化力とも関係する。しかし、究極的には使用価値は文化に依存する。
交換価値を生み出す能力を経済力とすると、⑵式は、

幸福度（生活の満足度）＝文化力×経済力　⑶

と書き換えることができる。

価格は交換価値を貨幣の尺度に置き換えたものである。ある国や地域で、ある期間（通常は一年間）に生産された交換価値を市場価格で評価したものが、ＧＤＰ（国内総生産）である。このＧＤＰを経済力を近似する指標として使うのも一つの方法である。しかし、そうするには検討しなければならないいくつかの問題点がある。

経済力＝ＧＤＰとする理由と問題点

問題点１

今まで物的豊かさと言った場合の「物」は、形あるもの、目に見えるもの、手で触れるものをイメージしてきた。しかし現在社会では、人々がカネを払っているかなりの対象は、形のない、目に見えないサービスに対してである。ＧＤＰに占めるサービスの価値は、二〇二〇年現在で

七〇%に達し、有形の財の倍以上ある。したがって、物的豊かさを経済力に置き換え、経済力をGDPで近似すれば、物的豊かさにサービスの豊かさを含むことになる。

物的豊かさにサービスを含むことに、違和感を禁じ得ない人もいるかも知れない。しかし考えてみれば、人々が住宅を所有するのは、物としての住宅ではなく、住宅の機能を望むからである。食料を購入するのも、それをただ眺めて楽しむためでなく、生命を維持するためである。いうなれば物を購入するのは、物の働きを望むからで、いうなれば物が提供するサービスを購入しているとも考えられる。以後、財・サービスを意味するときは「モノ」と表すことにしたい。

問題点2

最近、自給自足の生活にあこがれて、都会を離れて田舎暮らしをする人たちを取材したテレビ番組に人気があるようだ。自分が作ったものを自分で消費した場合、人と交換しないので市場価格（交換価値）が発生しない。したがって自給自足生活で作られたモノはGDPに含まれない。極端な場合として国民全員が自給自足すればGDPはゼロになる。

一般に自給自足よりも市場でモノを調達したほうが手っ取り早く、モノを得た結果だけを比較すると満足が高いかかも知れない。それでも自給自足にこだわるのは、モノづくりの楽しさを味わうというプロセスの効用が発生するので、生活の満足度は高まるだろう。

主婦（主夫）の育児や家事も自家で自足するので、市場価格は発生せずそのサービス価値はGDPに含まれない。一方で、育児や家事を外部委託すると、市場価格が発生しそのサービス価値はGDPに含まれる。ボランティア活動も同様である。これらの矛盾にどう対処すれば良いだろうか。これに対し、二つの考え方があるように思える。

第一の考えは、行政サービスのように疑似取引を想定してGDPに計上することである。行政サービスのような移転支出は、無料で一方的に提供されるモノであるので、受給者と取引行為がないので市場価格が発生しない。しかし、疑似取引を想定しGDPには行政サービスに要した費用を計上している。

これと同様に、育児・家事に費やした時間に、外部委託を参考に相当すると考えられる時給をかけて計上する。これはGDPを経済活動の成果を測る尺度とみなす考えにもとづく補正である。

第二の考え方は、自給自足や育児・家事ならびにボランティア活動などを経済活動とみなさずGDPに計上しないでおく。自給自足や育児・家事ならびにボランティア活動などは、そもそも人類発祥時からあるもので、広い意味で文化的活動とみなせる。生活に必要なモノの大部分を市場に依存するようになったのは近代になってからで、人類の長い歴史から見ればつい最近のことである。自給自足や育児・家事ならびにボランティア活動などは、趣味の手づくりと同様に文化活動の範疇に属すると考える。

問題点３

地震や水害などの災害、コロナ感染症のような疫病の発生は、災害復旧や感染対策に資材や労力を使うので、他の条件を一定とすれば、そうでない場合に比べてＧＤＰを増大させる。犯罪の多発、交通事故、過酷な通勤などと同様、本来ない方が望ましいが、それがあることでＧＤＰを増加させている。このことをどう考えれば良いかであるが、このことに関しても二つの考え方がある。

第一は、災害復旧、感染対策、交通事故、犯罪、通勤などにかかる費用をＧＤＰから差し引き、経済活動の成果を表す指標とすることにこだわることである。

第二の考えは、これらの費用は困難を克服するものであるので、それだけの費用を出し得たということは、社会の困難からの復元力を示すとみなして、ＧＤＰはそのまま経済力を表すと考える。

問題点４

ＧＤＰは、一年間に生産された財・サービスの総計であるのでフロー量であり、ある時点における存在量である資産（ストック）とは別の計算で測られる。物的な豊かさで恩恵を受けるのは、資産によるところが大きい。ＧＤＰ（所得）が同じ水準でも、資産が異なれば物的な豊かさも違って来る。この点でＧＤＰは物的豊かさを測る指標としての深刻な欠陥である。ＧＤＰには資産減耗の補填費用が含まれているので、資産減耗が資産に比例するとすれば、一応この欠陥を取り繕うことができるかもしれない。

以上の考察により、ＧＤＰは経済活動の成果を測る指標としては、かなり深刻な欠陥があると考えられる。しかし経済力を測る指標としてはギリギリ合格ラインにあるように思える。災害復旧や感染対策の費用は、本来その支出がない方が望ましいのであるが、それが支出できたということは、社会の復元力を示すものである。資産の減耗を補う支出も、資産を維持する能力の現れである。

したがって、ＧＤＰは経済活動の成果とするよりも、社会を支えるための費用として捉えるべきでなかろうか。そうすると、社会の健全さ、人々の幸福度、あるいは生活の満足度が同じなら、ＧＤＰは小さい方が望ましいことになる。

経済力は社会を維持するのには欠かせない。しかし、社会は経済のためにあるのではない。経済力はあくまで手段である。経済の成長発展に都合の良いように社会構造を変革しようとするのは本末転倒である。経済の成長発展のために、社会の健全性が犠牲になってはならない。

健全な社会の条件の一つは、人類存続の四つの危機に真摯に対処することだろう。

5. 日本文化の特質

日本文化の四つの特徴

日本文化については多くの内外の識者が論じているが、日本文化とは何かということ、またその特質を一口に言うのは難しい。その中で、免疫学者で能楽にも造詣が深かった多田富雄氏は、日本文化の特色として次の四つをあげている［駄田井・浦川（2011, p.106）］。

(1) 山川草木に神が宿る。多神教、自然崇拝、アニミズムの伝統。
(2) 象徴力、簡潔性を好む。
(3) もののあわれ、無常観、判官びいき。
(4) 匠の技。細部まで突き詰める。日本工業技術のルーツ。

この四つは、日本文化の特質を端的に表現していると思われるので、これらを日本文化の特質を考える出発点としたい。

(1) 第1の特徴について

(1)の特徴である森羅万象に神宿るとするアニミズムの伝統は、中国大陸やインドなどからの様々な思想や宗教の影響を受けながらも、そして明治以後からは西洋からの文物を積極的に取り入れながらも、現代の日本人の心に色濃く残っている。

宗教は、人間と人生に究極的な意味を与える智恵であり、人間の不安、恐怖などに対しある種の安心感を与える役割を持つと言われる。そして、阿満(1996, p.11)によると、宗教は「自然宗教」と「創唱宗教」に区別できる。後者の創唱宗教は、その宗教の創始者とされる教祖がいて、教典があり、教義と唱える人達の教団がある。一方、前者の自然宗教は誰によって始められたかわからなく、教祖、教典、教団を持たない。

よく日本人は無宗教だと言われることがある。日本人は年始に神社で初詣し、お盆などにお寺に行き祖先霊をねぎらい、年末にクリスマスを祝い、キリスト教会で結婚式を挙げたりする。はなはだしいのは、お寺でクリスマス・パーティが催されたりする。極めて無節操で、その意味ではほとんどの日本人は特定の創唱宗教に属さないと見なされる。したがって、宗教を創唱宗教に限るなら、確かにほとんどの日本人は無宗教といえるかも知れない。しかし、宗教に自然宗教を含めるなら少し話が違ってくる。

神道は宗教でないという主張がある。明治以降、ナショナリズム高揚の手段として提唱された「国家神道」は別として、神道には、創唱宗教の条件である教祖、教典、教団[5]そして最も特異なことに戒律が欠如している〔岡田（2018, p.159）〕。キリスト教、イスラム教、仏教などの創唱宗教とは違うことは確かで、そうかといって自然宗教であると言い切れるかは、議論の余地がある。

神道は自然宗教と創唱宗教の中間に位置するという意見もある。だから天理教や金光教のように神道を素材にした創唱宗教が生まれる。中間的存在を認めるのも一つの考えだが、民主主義の国家は宗教と信条の自由を保障しなければならないので、当然、国家がどれかの宗教に肩入れすることなく中立的でなければならない。したがってどうしてもどこかで線引きが必要である。難しい問題だ。[6]

5 氏子は教団といえるかどうか。氏子もお寺に参り、クリスマスを祝う。教団の一員とするなら極めて帰属意識が低い。

6 伝統的な祭りは神道や仏教とのかかわりがあるが、祭り参加者は必ずしも信者ではない。伝統的な祭りは地域文化を継承し、観光の資源でもあり、コミュニティの絆を結ぶ役割もある。公的な機関が宗教性を理由に支援を控えるかどうかは難しい判断になる。公的機関の土木建築の際の地鎮祭も微妙である。

◉一神教と多神教

自然宗教には多数の神がいるが、創唱宗教には神が唯一の一神教と多数ある多神教がある。神の数もさることながら、神の性格が問題である。神が強烈な個性を持つ人格神で、人間に命令し、人間社会を支配するものであるとするなら、神の数が少数でなければ混乱する。ユダヤ教、キリスト教そしてイスラム教が共有する「神－God」[7]はこの世を創造し人間に命令し支配する人格神である。したがって、一神教である。もっとも、キリスト教、特にカソリックは厳密な意味で一神教かどうかはかなり疑わしい。しかし、God は人間を支配する神であることには変わりはない。

一方、人間を災厄から守り、災難から救ってくれる「守り神」である場合は、人間に降りかかる災厄・災難は多種多様なので、それぞれの災厄・災難に特化した守り神があっても問題は無い。そのほうが払いたい災厄や逃れたい災難が具体的になって都合が良いだろう。いうなれば、一神教の神は父親のような存在で、多神教の神は母親のような存在である［菰野（2003, p.49)］。もっとも近年は父親の権限がかなり低下しているようである。

一神教は社会の団結力を強める役割があるようだが、その反面で他の宗教への寛大さに欠く。

7 イスラムで神の名を指す「アッラー」は、アラビア語で "The God" の意味である。固有の名前ではない。

宗教に寛大であったローマ帝国でキリスト教が迫害されたのは、キリスト教徒がローマの守り神を認めなかったからである。そしてキリスト教がローマ帝国の国教になると、他の宗教を迫害した。

仏教は明白に創唱宗教であるが、その神の概念はあまり明白でなく、そもそも神の存在を前提にしているのかどうかもはっきりしない。仏教は仏陀の教えに帰依するもので、仏陀自身は人間であり、彼の教えは神の声を聞いたものではない。長年の修業と思索から生まれたものである。そして自分の教えを頭から信じることなく、各自が熟慮して納得してから信じよとした。この点、ユダヤ教、キリスト教それにイスラム教などの啓示の宗教とは異なる。啓示の宗教では預言者は、神の声を告げる者であり、その言葉は絶対であり、信じること強制する。

儒教も創始者がいて教典があり教団があって創唱宗教であると言える。儒教は孔子の教えに帰依するが、孔子も人間である。彼の教えもまた神の声ではない。そして儒教はあくまで人間世界にかかわるもので、「鬼神は敬うもので、頼るものではない」として鬼神から一定の距離をおいている。

しかし宇宙の摂理を象徴する「天」は意識している。儒教はこの宇宙の摂理と言うべき天命を理解し、天命に添って人間世界をどう運営するかを極めるものであり、世界の摂理を理解し、それに基づく適切な行動に気づき実践に移すことである。しかし「天」は人間には直接声をかけない。人間からその声を探るしかない。［桃崎（2020）］

日本人は歴史的に仏教や儒教の影響を受けたこともあって、一神教の人格神とは肌があわないようである。絶対的で普遍的そして命令的な原理の強制を好まないようである。それを頭で理解できないということではない。知的に理解できても心が納得しないということだ。

とにかく日本人の大多数は、特定の創唱宗教に属していない。そのことが原因であるか、結果であるかは定かでないが、特定の思想やイデオロギーにあまりこだわらない。さまざまな考え方や文化様式が雑居している。伊藤氏貴（2018, p.4）は次のように述べている。

日本の思想には体系として包括する論がない。論じようにも日本においてはさまざまな思想が雑居するばかりで構造化されることがなかった。〈日本〉とは、その思想の内容よりもまず、「雑居性」という文化の固有性だ。

クロード・レヴィ＝ストロース（2011, p.24）も同じ趣旨のことを述べている。

日本はなによりもまず出会いと混淆の場であった。大陸の東の端という地理的環境と、断続的に孤立した状況は、日本が一種のフィルター、あるいは蒸留器として働く。借用と結合、混合と独創とを交互に繰り返してきたことが、世界における日本の位置と役割とを言い表すのにふさわしい。

そしてさらにこれから帰結する日本文化の特徴として、次のことをあげている（前掲、pp.27-31）。

(1) 古いものと新しいものの雑居。西洋では一つのものを別のものと取り換えるので、古いのは新しいものに取り換り、古いものは消滅する運命にある。日本は、科学と技術の最先端にある国であるのにかかわらず、古びた過去に根を下ろすアニミズム的思考に畏敬の念がある。例えば、最先端の技術が適用される建築物であっても、神道の地鎮祭が執り行われる。

(2) 両極端のあいだを揺れ動く適応性。例えば、織物の絵柄も幾何学模様と自然を写したものが同居する。絵の中に文字が同居する。人工物と自然の同居。

(3) 構成素材を合成しないで、できるだけ加工しないで並列する。和食はその好例。

◉現場主義

日本人に普遍的で統一的な原理を好まない性向があるのは、日本の自然条件が関係しているかも知れない。日本の地形は、あまり広くない空間に山あり川ありまた海ありと入り組んでいて箱庭のようで、複雑で多様性に富んでいる。複雑な地形がもたらす生態系も多様で、谷ひとつ浦一つ違えば異なる。したがって、このような多様な地域事情では、普遍的な原理に固執して対処すれば、思わしくない結果になる恐れが大である。それぞれの地域事情に合う工夫が求められる。

一九八〇年代にかけて、電化製品など日本の商品が世界の市場を席巻した。これを期にヴォーゲルの著作『ジャパン アズ ナンバーワン』がベストセラーになったことが象徴するように、日本的経営が世界で注目されるようになった。これに関して多くの研究がなされたが、結局日本的経営の真髄は何かというと、「現場主義」であるということに行き着いたようである（安室憲一、2012）。ちなみにドラッカー（1993, p.63）は、「日本の成功は、欧米で実行すべきだと説かれていたことが、そして、ただ説かれているのにとどまっているものを、実行したことにある」と述べている。

日本の経営トップは、よく現場に出かける。社員食堂で一般の社員や工員と食事を共にして語り合ったりするのは、よく見かける光景だが、欧米では考えられないようである。あるアメリカの学者は、「要するに、第二次大戦（太平洋戦争）と現在の状況が、日米で逆転したのである。太平洋戦争では、アメリカの作戦指導部は現場主義で、日本の作戦指導部（大本営）は建前を重んじ、現場を重視しなかった。」と述べたと聞いた。

当時はアメリカの大学では、「日本的経営」の講座が開かれ、盛んに研究され教えられた。一方、日本ではアカデミックな世界では、あまり話題にはなっていない。そして話題にされるようになったのは、アメリカでの日本的経営への関心の高さに影響されてである。「学ぶものは、外国にある」という感覚から抜けきらないようである。そして、日本の経営学者は現場主義ではないようである。

日本経済は一九八〇年代の躍進から一九九〇年代に入って長い停滞を迎える。この停滞の原因を、日本の経営陣、特に大企業の経営陣が、現場主義を捨てて、アメリカのＭＢＡ式経営を導入したことにあると指摘する向きもある。一理あるかも知れないが、世界が社会と経済の関係に転換点を迎えたことにあると考えるべきと思う。

経済的には工業化社会から、サービス・知識・情報が主軸となるポスト工業化社会への移行期を迎えたことにある。この時期、ソ連をはじめとして社会主義国が次々に崩壊し、計画経済を放棄して市場経済を導入している。中国は社会主義体制を保ちながら計画経済から市場経済へと転換した。ポスト工業化社会は計画経済とは肌が合わない。現場主義も、可視的なものづくりの突き合わせとは違った視点が必要とされる。

一方、社会はというよりも経済との関係では、それまでの経済優先の考えから社会優先へと転換期にある。いうなれば、成長神話の崩壊で経済至上主義が疑問視され、これまでの経済成長のために社会システムはどうでなければならないかより、望ましい社会を築くために経済はどうあらねばならないかを考える時代になった。そして、その社会の総合的ビジョンがどのようなものであっても、社会を持続させるものでなければならず、結果としてはＳＤＧｓを実現するものでなければならないだろう。

このことに関してもう一言付け加えるならば、これからの社会ではボランティアなどの利他的な非営利活動と非営利活動組織が重要な役割を担うと言える。日本では阪神大震災を機に、ボランティア活動の意義が認識され、それへの期待が高まってきている。非営利組織は、人々の生活満足度をたかめるためにその役割はますます重要になる。経済がこの非営利組織をどう支えるかが経済の課題であり、同時に営利企業であっても利潤の追求よりも社会的使命を果たすことが求められるようになった。日本文化の特質がこのような事態にどう働くかである。

(2) 簡潔さについて

現場主義の日本人は、論理的な一般法則に固執しない傾向があり、かつ現場の臨場感は言葉では尽くせないこともあって、冗長な言語表現を好まない。論理よりも感性に重点を置き、論理で相手を説得するのではなく、言葉や論理は相手に同感を誘う手助けである。したがって、言葉や論理は相手に同感の情を抱かせば十分であって、それ以上の説明を尽くすよりも余韻を残すことを好む。

この簡潔さを好む傾向は、文学において、和歌（短歌）や俳句の詩の形式にもっともよく現れている。短歌は五・七・五・七・七の三十一文字で作者の意図を表現する。俳句に至っては五・七・五の十七文字からなり世界で一番短い詩の形式である。この短い文章で作者の思いを伝えるには、論理的でなく、比喩的に象徴的にそして連想的に読者の心に響く表現を選ぶことになる。

これらの特質は、幸福や心の満足を物量の豊富さよりも、その質に重きをおくということにおいて、文化力を高めるものと思う。その点において、日本の文化は成熟社会において貴重な存在になる。ちなみに文化人類学者で有名なレヴィ＝ストロースは今度は西洋が日本から学ぶべきであるとし、ガルブレイスも日本が先導すると言っていて日本文化への評価は低くない。［佐野（1982, p.85）」。

森羅万象、山川草木に神が宿るという日本人の感覚は、ものづくりでは、素材にできるだけ手を加えずに、そのまま自然のままで使用することを好む。手を加える場合も、出来上がりがいかにも手を加えていないように装う。

この特性は、日本料理にもよく現れる。刺身に代表されるように、味付けも素材を活かし、塩味か醤油と薬味をつけるだけである。盛り付けの場合も素材が分かるように形を崩さない。このような日本料理の特徴は、西洋料理や中国料理と比べても明白である。東南アジア、あるいは隣国の韓国に比べても違いがある。

建物に関しても伝統的な木造建築は自然の素材を活かしていて、構造が見えて、構造がそのまま内装になっている。柱を壁に塗り込めないし、壁紙を張ってしまわない。その典型が茶室に現れている。

日本庭園は自然を写している。手を加えているがいかにも自然の姿をとどめるようにしている。日本庭園は理想的な自然の姿をつくり出すことをもとめていて、幾何学模様の人工的な西洋庭園とは対照的である。

日本固有の宗教である神道の拝殿（神社）は、一般に木立に囲まれた自然の中にあり、外塀がない。一方、外来のものである仏教寺院は堅固な塀で囲まれている。

日本文化の特色は古代から綿々と続いているが、文化力に関する生活文化に関しては、その多くは江戸時代の閉鎖社会で培われたように思う。江戸初期に実施された鎖国政策に関して、その功罪については様々な評価があるが、[8]この点に関してはあまり異論がないようである。日米両政府に発禁処分を受けた大川周明の著作『二千六百年史』(2021, pp.189-221) によれば、本来の日本人は、好奇心に富む創造的な進取の気象であるが、江戸の鎖国によって外に資源を求めることがかなわず、国内資源を徹底的に活用することに向けられた。この資源の制約の下で物を大事に使うことで廃棄物をできるだけ出さず、出した廃棄物も再利用するという循環型社会へ向かうことになる。

また内乱もなく平和が長く続いたことで、生活文化が洗練された。それまで公家や僧侶が独占していた芸術や文化もその垣根が取り除かれ、武士や町人はては農民までに広がることになる。林 (1982, p.28) は、江戸期において農村社会は見事に仕上げられ、その熟成度はイギリス以上であると述べている。そうであるからこそ日本人の進取の気象とあいまって、明治以降の近代化に成功したと言える。

8 特にスペイン・ポルトガルがカソリックの布教と一体化した植民地化戦略を挫折させたことは評価できる。

(3) 無常観について

無常とはとどまることなく変化することで、形あるものも必ずいつかは壊れ、命あるものもいつかは死に至り、栄華を極めても必ず滅び、権力の頂点に立ってもいつかはその座からおりなければならない理(ことわり)である。否定できない絶対的な理であるので、人間である以上は、多少とも無常観を抱くことがあると思う。

しかし日本人は特に無常観をもつようで、これには四季の移ろいがはっきりしていること、地震や台風などの災害に見舞われることなどが、要因になっているように思える。そして無常の中に「もののあわれ」と表現される一種の美を感じているようである。良寛禅師の句「散る桜　残る桜も　散る桜」は、無常の世を桜のあでやかさを引き合いにして美しく表現している。この世は苦しみに満ちているという無常な世界に一種の精神的恍惚を感じることは、逆にこの世を積極的に生きていく力に変換させる。「人生一回」だ。どうせ苦労して死ぬのなら、たとえ失敗しても敗者になっても、自分の好きなことをして苦労する方が良いと思うだろう。そして同じ苦労なら、人に嫌われることよりも人の為にするほうが達成感がある。これが人格の陶冶、人間修業に向かうことになる。したがって、無常観は決してあきらめの境地ではない。

ちなみに伊藤氏貴（2018, p.121）は、「もののあわれ」を次のように要約している。

⑴「もののあわれ」は西洋的な「美」とは異なり、対象の性質とは分離しえない、あるいは分離する以前の主体が揺るがされている〈主客未分離〉の感覚のことである。

⑵自分ではどうしようもないものであり、それからおのれの無力を自覚へと傾斜する。

⑶無力をいたずらに嘆くばかりでなく、一つの価値として積極的に受け入れる。

強者も弱者も、勝者も敗者も同じくやがて亡ぶ身であるが、日本人は弱者と敗者への思い入れが強い。それは弱者や敗者のほうが苦しみや痛みが強く、より深い無常感に至るからだろう。もっとも、人間は人が悲しむのを見ると悲しくなり、喜ぶのを見ると嬉しくなるという本能にも由来する。

⑷匠の技、人格の陶冶と修業、「道」

日本のものづくりは細部までこだわり、徹底した丁寧さで仕上げていく。この工程は技巧を凝らすと言うよりは洗練されていると表現した方が良い。したがって、この⑷の特質は、一見⑴から⑶の特質と矛盾するのではないかと思えるかもしれないが、つながっている。

日本庭園を例にしてみよう。日本庭園は自然の風景を写した人工のものであるが、できるだけ人工的でないように、自然にできているように仕上げるよう心を配っている。できるだけ人の手が加わった痕跡を残さないよう工夫している。その点、幾何学的な植栽や人工の彫刻などが並ぶ西洋の庭園とは明らかに異なる。西洋の庭園はできるだけ人の手を煩わしたかを、如何に技巧を凝らしたかを見せびらかそうとしている。[9]

匠の技を極めようとする精神は、日本人の勤勉な精神と同じ土壌である。剣術を剣道に、柔術を柔道に昇華した精神である。剣の道は人を殺傷する術を会得するが目的でなく、人間修業のためで人格の陶冶が目的である。仕事もカネ儲けでなく人間修業の場である。技を極めるのも修業の道なのだ。だから損得を越えて打ち込もうとする。

この修業には日本の伝統では「守・破・離」の三つの段階を経る。これは室町時代に能楽を大成した世阿弥の教えであるが、能楽に限らずすべての芸術、芸事、学問、技能、技術の習得にあてはまる考え方である。

「守」は、最初に師匠に教わった型を忠実にまもる段階である。「破」は、自分なりに教わった型を応用する段階である。「離」の段階では、独自の境地を切り開き最初に教わった型から

9 イギリス式庭園は少し違うようだ。自然の姿を楽しもうとしているが、しかし、日本庭園のように理想的な自然美を意図して表現しているようには思えない。植物園的発想に近いようにおもえる。もっとも、シノワズリー（中国趣味）がイギリスの庭園づくりに影響しているようである［三井（1999, p.21)］。

離れる。秋山木工の秋山利輝はこの三つの段階を忠実に守って一流の木工職人を育てている［秋山利輝（2013）］。

守の段階では自我を殺してひたすら師匠の技を学ぶ。先行者がその水準までに到達するのに要した膨大な時間と労力を節約できるから、最初から自己流で実践するよりも技の習得という点では効率的である。高いところに手を届けるのに、脚立を利用するようなものである。自分の身長が伸びるのを待っていると時間がかかるし、永久にとどかないかもしれない。

特定の師につかない場合も、何かの方法で先人の業績を模倣する。先人が到達した水準に追いついたところで、自我が出てくる。自我は修業の結果として現れるもので、最初から自我を振り回わさない謙虚さが求められる。自我は引きよせられるもので、押しだすものではない。レヴィ＝ストロース（2011, p.38）は、このことを鋸を事例にして述べている。日本以外の国では、鋸は押しだして切るが、日本では引いて切る。

クール・ジャパンと日本の美

一九七〇年代から一九八〇年代にかけて日本経済は世界を席巻する勢いあったが、一九九〇年代から長い停滞期を迎える。この停滞を抜ける手立てとして、日本政府はクール・ジャパン戦略をとる。明治政府が外貨獲得のため日本の美術工芸品を海外に売り出そうとしたが、これと同じで、苦しい時には日本文化に頼るというわけだ。

クール・ジャパンは、米国のジャーナリスト、ダグラス・マグレイが二〇〇二年にアメリカの外交雑誌『Foreign Policy』130号に掲載した"Japan's gross national cool"（「ナショナル・クールという新たな国力　世界を闊歩する日本のカッコよさ」として『中央公論』二〇〇三年五月号に翻訳掲載）が発祥であると言われている。これは一九七〇年代に英国が掲げた「クール・ブリタニカ」をもじったものであるらしい。

何事にも外国に学ぶのが好きな日本人であるが、日本政府も同じでアニメ・音楽など日本のサブカルチャーが外国で人気を博しているのに注目し、二〇一〇年に経済産業省が「クール・ジャパン室」を設置した。日本のサブカルチャーを海外からの需要を開拓するのに活用するために、基本戦略を練るためである。この基本戦略を、戦術に落とし込み実践するために、二〇一三年に民間企業と連携した「海外需要開拓機構（通称クール・ジャパン機構）」を立ち上げた。

この戦略が成功したかどうか、コロナで中断しているが、インバウンドのブームから判断すれば、ある程度の効果が上がっているようだが、その評価はまだ定まらない。もっとも、この戦略は、文化を経済の活力源としようとするもので、富を幸福に還元する文化力とは違った文化力の側面に注目している。

外国人が日本語や日本文化を学ぶ動機が、一九九〇年以前では仕事に関連するのが主であったが、昨今は日本文化そのものに関心を寄せる人が多数派になっている。日本文化に「クール」を感じているのだろう。

ジョナサン・エイブル（2010, pp.136-160）によれば、クールには、①不思議なもの、理解できないもの、②世界に対して超然とした格好よさ、の二つの意味が含まれる。人は不思議なもの、理解できないものを見てみたいという好奇な欲望があるので、クールが魅力になる。したがって、アメリカ人にとって日本がクールであるのは、アメリカ文化が戦後の日本に多大な影響を与えているにもかかわらず、アメリカ人やあるいは西洋人一般にとって、理解できない「日本の本質」があるからだとする。例えば、和製英語はアメリカ人にとってクールである。なぜなら英語であるにもかかわらず理解できないからである。

②の意味するところは、社会的文脈から距離をおいていることである。「生産的でなければならない」という状態から離れていることでもある［ヘザー・ボーウェン＝ストライク（2010, p.164）］。ポスト・モダンに通ずるものであり、それがクール・ジャパンの魅力になる。

ショテフィ・リヒター（2010, pp.182-183）は、ポスト・モダンで自己中心的な〈クール〉は、①

新しいクールを見出すことで、エリートたちが猛烈な市場競争に成功する可能性につなげる、②その他の人たちには、クールになることで市場の過剰な要求に抵抗もしくは回避する意味づけを与える、の二つの役割を持つと考えている。明らかに経済産業省の狙いは①の役割である。しかし、海外では「クール・ジャパン」は経済成長を助長するための国家的イデオロギーが起源であることが忘れられ、経済と全く無関係と思われているようで、すなわち②の役割への期待があるので、あまり露骨に経済的効果を狙うと、クール・ジャパンの魅力が低下するかも知れない［ヘザー・ボーウェン＝ストライク（前掲、p.165）］。

ところでクール・ジャパンの中核をなす日本のサブカルチャーは、日本美の伝統とどのようにつながっているだろうか。日本美の特質をあげてみると次のようになると思われる。

(1) 西洋では感性が理性に勝ることを由としないで、雑種・雑居を排するが、日本ではこの尺度にとらわれていない［伊藤氏貴（前掲、p.33)］。よって重層性、雑居性がある。これは日本文化の特質(1)と関係する。様々なものが時間、空間を超越して並列される。例えば、文字と絵の雑居であり、その文字も漢字、ひらかな、カタカナ、そしてローマ字ありである。現代の前衛的書道では、文字そのものが絵になっている。

(2) 西洋の美の価値は、その完全性に求められる［伊藤（前掲、p.58)］。日本では、不完全なものにも美の価値を見出し、それを積極的に容認する。表現にも完全さを求めない。絵画も余白に意味をもつ。これは日本文化の特質(2)と関係する。

(3) 主客未分。芸術家はメッセージをいかに伝えるかという方法を知らねばならないが、鑑賞者もそれを受け止めるにふさわしい態度を培わねばならない［伊藤（前掲、p.58)］。作者と鑑賞者の作用・フィードバックがあり、情報の非対称性を縮めることで、より高い美の価値を共有できる。商業主義が支配すると、情報が非対称性であるほうが、売り手が望む価格で顧客に販売しやすくなるので、この関係が重視されなくなる。

クール・ジャパンのサブカルチャーは、西洋の提供した表現方法に、日本的モチーフをかぶせたもので、例えば、伝統的な日本画が対象とした画材を油絵で描くようなもの、あるいは日本の古典音楽のメロディーを西洋の楽器で演奏するようなものである。特に戦後はアメリカからの影響が強く、東浩紀（2001,p.32）は、「アメリカ産の材料で作られた疑似日本」と極論している。

そこでの日本的モチーフとしての「かわいさ」とか「オタク」は、未完成と社会的文脈を欠いた雑居性などの日本美の特性と関係しているかも知れない。しかし、外国人や日本人の若い層に魅力的であっても、日本の年配層をそれほど引き付けないようだ。

6. 日本文化の文化力

日本文化の伝統を叙述する段階で、日本文化が文化力にかかわるかについて暗示しているので、ここでは項目別に整理して述べることにする。

「もったいない」精神

森羅万象に神宿るというアニミズム的精神は、すべてのものをおろそかにできないという心を生む。われわれが食するものものみな命が宿り、その命をいただくということで、命を維持できるのである。したがって、食べものはどのようなものであれ、おろそかにできない。その現れが鰻供養のような行事となる。日本人は供養するものは生きものにかぎらず、針供養のようなものもある。道具類の供養である。

現在の日本社会では、家庭で日常的に針を使わなくなったが、主婦の仕事として、五十年前まではどの家庭でも針箱があり、洋服のちょっとした繕いや。時には着物も仕立てていた。それで日ごろ硬い布を通している針を、豆腐やこんにゃくなどの柔らかいものに刺して供養するのである。

生命のないもの、特に道具類を自分の片腕のように大事にして生命のあるもののように愛着をそそぐ。日本人の機械一般への接しかたが西洋とはいささかことなるようである。日本の労働者は、機械の導入に関し西洋の労働者ほど抵抗感がない。ロボットに対する日本人の感覚も鉄腕アトムへのイメージで明らかなように、人間の良き友達としてとらえる向きがある。ロボットの語源「強制労働者」やフランケンシュタインのイメージとは、いささか異なるようである。

［高階秀爾（2015, p.229-236）］

物の価値を最大限に活かすという「もったいない」精神は、富を幸福に転換する能力としての文化力の向上につながる。そしてこの精神は、ノーベル平和賞を受賞したケニア出身のワングリー・マータイ女史が、この精神を称賛したことに見られるように、広く世界的に受け入れられるものである。もっとも、金儲けを第一に考える商業主義とはあまり相性が良くないかも知れない。

ワンヘルス

西洋の自然観では、自然は人間の都合に合わせて改造するという征服の対象である。動植物も人間の都合にあわせて、どのように取り扱っても良いという考えである。食料の生産においても、動物も単なる食材であって魂も心も持たないものとして取り扱う。牧場も養鶏場も食肉生産の場とみなされ、効率性が優先される。ここで効率性は、人間の健康に配慮した食肉を生むことが目的でなく、如何に金儲けができるかである。したがって、人体に有害な添加物や薬剤などが投入される。［鈴木亘弘（2013）］

そして、鳥ウィルスや狂牛病になった鶏や牛を、伝染が広がらないようにと何万羽、何万頭と殺処分する。このような行為は、神羅万象に神宿るという精神からは、とても許されることではない。

近年ようやく、動物の健康が人間の健康を維持するために欠かせないことに気がつき、「ワンヘルス」キャンペーンが、世界中に広まりつつある。悪いことではないが、ワンヘルスは、身土不二や医食同源になじみをもつ日本人にとってあたりまえすぎることで、カネに目がくらんでいる輩を別として、いまさら何をと言いたいところである。

ワンヘルスの考え方は、動植物を大切にし、生態系を守るということで、文化力の向上と結びつく。

簡潔を好む

必要以上の物的消費を極力抑え、その中で最大限の満足をえて、過剰を求めないで、できるだけ簡素な生活を楽しむ。あるいは簡潔な生活にこそ人生の本当の幸せを見つけることができるという清貧の思想は、当然ながら富を幸福に転換する能力としての文化力を向上させる。

この精神にもとづけば、野の花を一輪活けるだけで自然があたえてくれる美を堪能できる。

豪華に花を使ったフラワーアレンジメントとは、趣きを異にする。消費をあおる商業主義社会は、アートも大掛かりで豪華に物を使うものを後押しするようで、小さく簡素なものにあまり注目しない。この風潮の中で、この精神は一服の清涼剤の役割を果たす。

匠の技

近頃、若い人たちが高級品を好む傾向にあるようで、ようやっと使い捨ての大量生産大量消費の時代に見切りがつく始まりが来たようである。手軽に手に入るものは、人の特質として大事にしないし、すぐ捨てるものに愛着が生まれることはない。使い捨ての生活は、手間がかからず便利かもしれないが、味気ないもので生活の満足を高めない。

機械で大量に生産された物より、機能的には変わらなくても手づくりのものには味わいがある。大量生産されたものより高価かもしれないが、長く使えば結果的には経済的になる。そして満足度が高い。日本の職人の高い技術が生み出す製品は、このような要求に応えてくれるもので、富を幸福に転嫁する能力としての文化力に貢献する。

地球資源の枯渇が危惧される時代にあっては、大量生産大量消費の使い捨てから、大事に物を使う量より質を重視することが求められる。その意味で少しでも良いものを、そしてその良い物を評価する姿勢がなければならないだろう。

主客未分

良いものを良いものとして評価できるには、作る側と求める側の情報が非対称性であってはならない。一般的に言って、作る側は自分が作った製品の内容については詳しいが、求める側は作る側ほど詳しくはない。製作側は自分の製品の長所も短所も熟知しているが、求める側はそうではない。生産者は自分の製品をできるだけ高くそしてより多く売りたいので、長所を誇張し短所を隠す。時には虚偽の情報を流すことがある。

生産者と消費者の距離もしくは距離感が近いほど、情報の非対称性は縮まる。したがって、主客未分であれば情報の非対称はほぼなくなるといってよいだろう。月尾嘉男はその著『贅沢の創造』(1993)で情報革命の進展でゆくゆくは「一商品一生産」のすべての商品がオーダーメイドになる時代が来ると述べている。既製品を買うことに比べると、オーダーは客もまた生産工程に参画することになるので、主客の距離はいくぶん縮まる。

自給自足は究極の主客未分である。A・トフラーは『第三の波』(1982)の中で、エレクトロニクス革命がもたらす情報社会では、自給自足的な側面が強まるだろうとして、生産者(producer)

と消費者（consumer）を結びつけて、プロシューマ（prosumer）を造語した。安倍元首相を殺害した山上容疑者が手製の銃を凶器にしたことは、あまりいい事例ではないが、プロシューマが現実のものになってきていることを示す。今後、３Ｄプリンターが改良され普及すれば、かなりのものが手づくりされるだろう。

しかし、Ａ・トフラーが描いたプロシューマの側面は、モノづくりの工程に限定されるものでなく、人々の生活方法全体に関わる。コロナ感染症でリモートワークが普及してきた。これも情報通信技術の発展がなければ不可能なことである。リモートワークは自宅ではもちろん、都会を離れたリゾート地でも可能である。

リモートワークが定着し、都会にある職場に出かけることがあまりなければ、都会を離れた田舎に居を構え、自給自足的な田舎生活も可能になる。田舎に居れば、医療や子供の教育のことが気になるかも知れないが、リモート診断やリモート教育も充実したものになれば、都会にいるのとほぼ変わらないサービスが、プロシューマ的に享受できるようになるだろう。

経済において自給自足的な側面が進展するにつれて、財・サービスが市場を通して流通しないので、ＧＤＰを増加させない。それでも人々の生活の満足度は維持あるいは向上するので、文化力は当然押し上げられることになる。

第4章　成熟社会における家族とコミュニティおよび女性

はじめに

本章では、成熟社会にふさわしい、あるいは社会を成熟に向わせる家族とコミュニティそして今後ますます重要になる女性について考える。成熟社会は、物的な豊かさや人口の増加がなくても、社会の進歩を目指す社会であり、平和で、人間の特質に添った社会である。言い換えれば、平和で文化力の向上と人間の特質を歪めることなく、人間社会の幸福実現めざす社会である。

現代における成熟社会は物質文明の高い水準に到達していることを前提とする。この水準は、社会が円滑に機能するのに必要な物的生産能力を有していることである。必要とあらば、社会が求める物的生産を確保できるということである。このことは、人々の欲望に駆られて不必要に物的生産を拡大することを意味しない。文化力の向上を意識して、物的生産の水準を必要な段階にとどめておくことを意味する。

1. 共同体（コミュニティ）

人間は孤立して生きていくことはできない。孤立して生きることを望んでも、誰かとのかかわりの中で生きている。人と言葉をかわすことがなくても、日々の生活で誰かとかかわりがある。ロビンソン・クルーソーも絶海の孤島で一人で生活できたのも、それに必要な技術を社会の中で獲得していたからであり、難破船から資材を調達できたからである。そもそもこの世に生まれ出たのも、一人で出たわけでなく、両親の世話になって、一人立できるようになるわけだ。

そして、人間は孤独でいるよりも、一般に誰かと一緒に活動するほうが楽しい。人類が集団生活することで厳しい環境に適応して生き残ってきたので、集団を好むのも本能に根ざしたものである。人間は助け助けられながら、騙し騙されながら、権力を争いながら、集団の中で生活している。

このような人間関係がある程度密度が高く、何かの要因で密度の境界が認識できる集団が共同体である。地域共同体は居住空間の近さで人間関係の密度が保たれる共同体である。生活の相互扶助が密度を高める場合も、学術、芸能、趣味やスポーツが結び付ける場合もある。そして共同体の構成員は、多少とも心理的に帰属意識を有する。人々は、通常、複数の共同体に所属する。

共同体内の人間関係が構造化すると組織体になる。組織体になると共同体の全体意思を決定する装置をもつ。社会というときは、共同体であるが組織体としての意識は薄いが、国というときは組織体を強く意識する。

一般に人間関係は次の三つに分類できる［Boulding(1970c, pp.17-20)］。

1 脅迫的関係。権力・政治構造につながる。

2 交換的・互酬関係。経済的構造につながる。

3 統合的・協力関係。共通の目的を遂行するのに協力する。共生的構造につながる。

どの共同体もその内部に、この三つの関係を内蔵するが、共同体の性質でどれかの人間関係が濃厚になる。

例えば、現在のところ最大の共同体である国家は、治安や国防の立場から暴力を社会的に独占している。国民に対し脅迫的関係を有していて、法律に定められた事項を守らないと罰則を科す権限もっている。

もっぱら経済活動を行う営利企業などは、交換的・互酬的な人間関係で成り立っている。家族や地縁で結ばれている地域コミュニティは、もっぱら統合的で協力的な人間関係で成り立っている。狭い意味で共同体やコミュニティというときは、主にこの人間関係で成り立っているものを言う。NPOやNGOも統合的で協力的な人間関係が主軸である。

共同体は大きさも、組織形態も様々で、共同体内に別の共同体を内包し、入れ子状態になっている場合も少なくない。共同体間の関係も錯綜している。

●自助・共助・公助

人びとは日常生活を円滑にするため助け合い、災害など非日常的な出来事で問題が生じたときも助け合う。その場合、個人やその家族の範囲で問題が解決するのが自助である。自助には専門業者への業務委託が含まれる。市場への依存である。地域コミュニティやNPOなどのボランティアの協力を得るのが、共助である。公助は国や地方自治体などの公的機関によるのが公助である。

平常時は買い物などの市場依存を含めてほぼ自助の範囲で暮らしているが、災害時や防災に関しては共助の必要性を最も感じられる。公助が動き出すまでの助け合いは言うまでもないが、復興にも大きな役割を担う。災害時の避難・助け合いや、復興支援が円滑にいくためには、日ごろからの付き合いや準備が欠かせない。地域コミュニティの役割が大きい。

防犯も含めての住環境の維持改善には、地域コミュニティの結束が絶対的に必要である。住民パワーがなければ高層マンションや迷惑施設の建設を阻止できない。その他、交通の便などアメニティの向上にも住民パワーは力を発揮する。

近年、コミュニティの役割として、注目されてきたのが、高齢者や障碍者のケアそして育児に関してである。家族が核家族化すると同時に、女性が外に働きに出ることで、従来女性が主に担ってきた介護や育児を誰かが肩代わりしなければならなくなった。それを外部化し、施設に委託するフォーマルケアが一般的になってきている。しかしこのケアでは、家族や住み慣れた地域との結びつきが閉ざされるなど、ケアされる人の幸福実現につながるかどうか問題である。また公的ケアが拡大すると、財政負担が大きくなる。このような状況でケアのあり方が問われるようになった。

2. ケアの転換

ケアは正常な日常生活に支障がある人を援助して、日常生活を円滑におくれるようにすることである。しかしややもすると、本人の意向を無視して、画一的な介護や支援サービスを押し付けることになりかねない。「介護サービスの提供では、本人ができないことに対してサービスをあてはめることになりがちです。それがあたりまえになると『できる・できない』は職員が決めると誤解して、できないことを探すようになります。そして困らないように先まわりすることがよい介護であると勘違いが起こる。」〔松岡（2021, p.313)〕のようなことになる。大事なことは、「できないこと」でなく「本人ができること」、「本人がしたいこと」、「本人が重要に思っていること」に着目することである。これは「健康」の意味を考え直すことにつながる。

一九四八年のＷＨＯの健康定義では「健康とは、身体的、精神的、社会的に完璧に良い状態であり、単に病気や障害のないことではない。」とあるが、この定義は高齢化社会の現状にあわないといわれている。健康に関して画一的な基準を設けて、それに適合しないと不健康の烙印をおせば、不健康な人が多くなる。特に高齢者は不健康とされるとストレスを感じ、医療への依存を高めることになる。医療費が増大し、薬剤や医療関連産業の発展に寄与するかもしれないが、財政負担が増大する。

また、年齢に関係なく血圧や血糖値それに肥満度などの基準値を設定しているのを問題視する人も多い。年齢によってそれらは変わってしかるべきで、年齢を無視して画一的に基準値を設定するのは、医療・薬剤産業に貢献しているとしか思えない。

WHOの健康定義に対して、健康とは「社会的、身体的、精神的な課題について適応し、セルフマネジメントする能力」あるいは「自分の幸福感やよい状態を維持しつつ、何かあったときに調整できるようなレジリエンス（回復力）にもとづくダイナミックなもの」とするポジティブヘルスの考え方が提示されている。健康とは「適応とセルフマネジメントの能力」であり、レジリエンスの六つの要素として、「自分の軸、ライフスタイル、セルフコントロール、人々のつながり、対応力、しなやかな思考」があげられている。［松岡（前掲、pp.44-48）］

人々とのつながりがあると認知症などからの回復力が高まることが報告されている。この点からも、コミュニティの役割に期待される。自らをマネジメントできる人は、病気であっても生きがいをもとめ仕事を含め社会生活に参加する。そうすると、ケアは、その人らしさに着目したパーソンセンタード・ケアが求められる［松岡（前掲、p.47）］。そうなると画一的な対応になりがちな公的施設などによるフォーマルケアでは不十分で、家族や地域、ボランティアによるインフォーマルケアへの依存が高まる。

イギリスでは「どのような生活がしたいか」について、対話を通してアセスメントし、その人の well-being（日々好日）の実現をめざす「well-being 原則」を掲げている〔松岡（前掲、p.49)〕。

オランダでは、専門職による公的サービスの提供は最後の手段としている。家族や友人の助けを借り、地域ボランティア組織に依頼して、インフォーマル・ファーストによる社会的処方による問題解決をはかっている〔松岡（前掲、p.50)〕。社会的処方とは、疾病だけではなく、その背後にある健康の社会的要因に対して、薬や医療だけでなく、様々な支援やインフォーマルな地域資源を活用し、予防健康増進、well-being の向上をめざす。医療側もダイレクトに地域資源を活用している。〔松岡（前掲、p.54)〕

例えば、デイ・アクティビティが、ボランティアが入ることによって、固定的なものから、地域に住む才能ある人が創意工夫することで、粘土細工、絵画などアート性の高いプログラムになる（松岡 p.104)。家庭医も精神面の治療には、その原因の一端である金銭面の相談にものる。医療、介護、福祉の連携が図られている。〔松岡（前掲、p.155)〕

その結果、インフォーマルケアが従来ではフォーマルケアの代替もしくは補完と考えられていたが、それが完全に逆転しインフォーマル・ファーストとなる。介護保険や医療保険もインフォーマル資源の補完として位置づける。「できないこと（ニーズ）」から「できること（アセット）」へ、「サービス提供原則」から「well-being 追及原則へ」と転換している。［松岡（前掲、pp.210-212)］。

さらに、「公的サービスによるケアが互助を枯渇させるのではないか」と考えるようになる。"More Happiness Less Care."で幸があれば、ケアはすくなくてすむ。［松岡（前掲、pp.214-215)］

これからのケア

以上のことからこれから日本が目指すケアをまとめると次のようになるだろう。［松岡（前掲、pp.358-363)］

①「できないこと」から、「できること」へ。
②「サービス提供原則」から「well-being 追及原則」へ。
③「専門職解決」から「地域解決」へ。
④利用者は「保険料を払っているので、使わないと損」意識の脱却。
⑤「給付」から「事業」へ。いかに介護しないかへ。「どれだけ介護サービスを出せるか」から、

「市民の自立支援と well-being のための広範な環境整備」へ。
⑥専門職は、しばしばその専門性をしばらく脇において、制度による呪縛から解放されて、その人の生活全般について思いを馳せることからはじめる。
⑦地域にもっとインフォーマルな資源を—そしてつながって越える。
⑧「介護」を越えて—ソーシャルな課題に向き合う。
これらは「コミュニティ・ソーシャルワーク」の概念に包摂される。コミュニティ・ソーシャルワークとは、濵﨑（2008, p.148）によれば次のようである。
①生活課題を抱える人の問題を一個人のこととして捉えるのではなく、コミュニティのあり方にも目を向けてとらえる。
②一人（ケース）の課題解決は地域全体の福祉力を高めることによって解決するという考え方。
③ケースワークとコミュニティワークの重なり合い、フォーマルとインフォーマルの連携をうまくマネジメントすること。
コミュニティ・ソーシャルワークがうまく機能すれば、住み慣れた地域に住み続けることがコミュニティケアを通じて実現される。

3. これからの共同体・コミュニティ

文化力の向上

これからの共同体・コミュニティのあり方では、成熟社会の要件である文化力の向上と多様性が担保されるかが関心事である。まず文化力に関して考えてみよう。

子育て、介護など家人が行なう家事一般はGDPに計上されない。物的豊かさを経済力に置き換え、経済力をGDPで計算すると、家事を外部化したりして、家事を便利にするために家庭電化製品などが普及するほど、社会全体として幸福度に変わりがなければ、文化力の定義式によると、分子が変わらず分母が大きくなるので文化力は低下することになる。したがって、女性の社会進出が歓迎され、若い世代では共稼ぎが普通になってきているので、幸福度が大きくならなければ文化力が低下する。経済面での改善が文化力の低下を補わなければ、幸福のパラドックスが発生する。

女性が社会進出することで、女性の幸福感が向上するとの見方がある一方、働くことで職場でのストレスや時間的に余裕がなくなるストレスがある。家事の外部化や省力化が進むが、手の込んだ料理ができなくなるので、外食するようになる。子育ても外部化すると、子どもとの接触時間が減少する。親は子育ての煩わしさから解放されるとしても、子どもの幸福感はどうだろうか。

また外部化された家事サービスの質がよければよいが、外部化されて家事サービスが市場経済化されると、受けるサービスの内容は支払う価格に左右される。良いサービスを得るために余計に金を稼ぐため働かなければならなくなるかも知れない。そもそも、金儲けを目的とするものには人々を本当に喜ばせ、満足させる文化力がないのかも知れない。良寛さんは「料理人の料理」、「書家の書」を嫌ったそうだ。

日常生活で生じる困難に対して自助・共助・公助による対処がある。女性の社会進出がすすみ、核家族も崩壊の兆しがある現在では、いままで家族が担ってきた子育てや介護などを、共助や公助に依存しなければならなくなってきている。

経済力より文化力に重きをおく成熟社会では、文化力を高める教育や人間の幸福感に直結する介護などケア経済の分野を重要視する。前述したように、この分野を公助によるフォーマルケアに依存することは、財政負担が重くなるという問題は別としても、そのケアが画一的になり個々人の多様な要望に対応できない。共助に期待しなければならない。

地域コミュニティやボランティア組織による活動は、費用弁償はあっても一般に報酬はないので、そのサービス価値がGDPに計上されるのはその一部である。したがって、共助の役割が増加することは文化力の向上に結び付くと考えるのが、一般的である。

多様性について

人々が何事にも規制されずに自由に振る舞うことができればよいが、それでは社会が混乱し秩序の維持が困難になる。秩序の維持には、なんらかの規制が必要である。その規制も法律などの強制的なものでなく、人々が納得して自主的に従う道徳的なものであることが望ましい。そして公平性と実質的平等の実現と矛盾するものであってはならない。

ところで規制のための規定には、存在の規定と行動の規定がある［清水（2003, p.22)］。存在の規定とは、存在そのもの（思想、信条、階級、出自、人種など）を対象にして、行動を規制する。存在の規定は、表面的で形式的な要件で判断できるので、規制を望む権力側にとっては効率的である。その結果、直接的に反社会的にならない行動まで規制することになりがちである。かつてのアメリカの奴隷制度や日本の部落、ジェンダーの問題など、この存在を規定する行為は、非人間的なものになってしまう。そして二項対立を生み、敵か味方かの争いを起こす原因になる。

戦争はその最たるもので、敵は悪魔であり人間ではない存在とする。イデオロギーの二項対立は冷戦のような構造を生み、ベトナム戦争などの悲惨をもたらす。多くの紛争の原因は存在の規定から始まり、存在の規定は世界を不幸にする。現在社会の混乱は、アメリカが、テロを行動の問題にとどめないで、テロ国家をでっちあげ存在の問題（テロ国家）にしたことである。さらに、民主政治国家と専制政治国家という二項対立の線引きも問題である。民主主義はあくまでルールであって、民主政治も制度である。その制度が社会を好ましいものにするかどうかは運用にかかわっている。運用がうまくいくかどうかは、その国の状況による。国民の自覚と見識に依存し、国民が善良で賢明でなければ、制度が整っていても、望ましい社会にならない。

一方、行動の規定は、存在の性質にかかわらず反社会的行動そのものを対象にして規制する。人と人あるいは社会での合意の問題は行動レベルの問題であり、存在レベルの問題ではない。存在レベルを問題にすると納得できる合意ができない。存在の多様性を認め、互いの存在に敬意をはらい、その上で行動に関して規制を合意する。

この場合、相手に対しての敬意をどのように表現するかが問題である。敬意は精神的で内面のことなので、相手に対してこちらが敬意をもっていることをどう伝えるかである。言葉が通ずれば言葉である程度は可能であろう。贈り物をするのも一つの方法である。また、敬意の表現に共通のルールや作法があれば便利である。中国発祥の「礼」は敬意表現の形式であって、「礼」を守ることでお互いが合意形成の土俵に登れることになる。これに対し「楽」は感動を共感することで、精神的な一体感を醸し出す。〔桃崎（2020）〕

内山節（2010, p.84）は、トクヴィルの「精神の習慣」（あるいは心の習慣）は存在の規定に関していて、「トクヴィルは健全な社会とは多様な「精神の習慣」が存在する社会だと考えている。」と述べている。そして、「いくら制度が民主的であっても、圧倒的な多数派が同一の精神の習慣を持っていれば、それが当たり前のように正義になり、それと異なる意見をもっている人は葬り去られる。ここに制度は民主的でも、実態は強権的、抑圧的、全体主義的な社会が生まれる。」さらに「多様な精神の習慣は、小さな集団が多様に存在することである。多様な共同体、多様なコミュニティ社会、多様な共同体の形成こそが課題である」〔内山（前掲、p.85）〕としている。

ネオ・コミュニティ

濵崎（前掲 p.48）によれば、コミュニティとは「生活の場において、市民としての自主性と責任を自覚した個人および家庭を構成主体として、地域性と各種の共通目標を持った、開放的で構成員相互に信頼感ある集団をコミュニティと呼ぶ」であるが、従来のコミュニティは地域という枠が強調されてきた。交通・通信が発達した現在では、地域という枠を超えて構成員に相互信頼感のある新しい形の活動集団が生まれてきている。テーマ・コミュニティといわれる「テーマによって結びついたコミュニティを基盤とした自主活動ネットワーク」（三船康道＋まちづくりコーポレーション『まちづくりキーワード事典』学芸出版社 1977年）もその一つである。

佐藤健二は『日本のネオ・コミュニティ』（1993年）で「地域という枠を強調して、そのなかで漠然と取り扱ってしまうというよりは、それぞれの人間全体が〝住む〟という契機の内部にはらまれる現実的な変容形態にもっと徹底してこだわってゆくほうが基本であろうし、生産的であろう。」として「ネオ・コミュニティ」の概念を持ち出している。

濵崎（前掲 p.50）は、従来のコミュニティとネオ・コミュニティの対比を表4・1（次頁）のようにまとめている。

地域で場所が限定されていて居住地が拠点となる従来のコミュニティに対し、ネオ・コミュニティは、場所に限定がないので、人々のつながり方はさまざまである。従来のコミュニティでは、コミュニティ内の人とは、会合や行事などで顔を合わせるだけでなく、日常生活の場でも顔を合わせる。路上であったり、庭越しに話しかけたり、縁側で腰を下ろしお茶を飲んだり、

表4・1　従来のコミュニティとネオ・コミュニティの対比

	従来のコミュニティ	ネオ・コミュニティ
背景	モノの豊かさを求める	精神の豊かさを求める
コミュニティの要素	限定された場所 普通の紐帯（血縁・地縁） 社会的相互作用	対話性 連帯性 先見性（知縁） 協働性 内発性 歓待性
ライフスタイル	外面性	内面性

おすそ分けをしたりしている。

ネオ・コミュニティでは、このようなことはあまりないので、コミュニティ形成の目的がある程度明確でなければならないだろう。人と人との結びつきも、従来のコミュニティのような参加への必然性がない。従来のコミュニティでは、参加したくなくても参加しないと日常生活に差しさわりがでる。ネオ・コミュニティは、従来のコミュニティほど人間関係が密でないかもしれないが、従来のコミュニティに付きまとう閉鎖性や因襲にしばられることはない。

ネオ・コミュニティに位置付けてよいかどうかは別として、従来のコミュニティが解体された現在、新しく「居場所」や「サード・プレイス」が求められているようである。従来のコミュニティが解体されることで、人々の活動の場が自宅や職場・学校に限定されてきている。第三の場として、「憩いと交流の場」が必要とされてきている。この場は大人だけでなく子供にも必要となってきている。この場として、コッミュニティ・カフェや子ども食堂が注目されてきている。〔桜井（2020, pp.126-143）〕

インターネットが普及した現在では、ＳＮＳを通じて知り合う人が増加している。ＳＮＳでの共通の知り合いができると、一種のコミュニティ感覚が生じて、インターネット・コミュニティと呼ばれるものが出現している。コミュニティ感覚とは、桜井（前掲、p.166）によれば、「コミュニティへの所属感だけでなく、コミュニティ内の人とのやりとり（相互関係）や一体感、コミュニティへの貢献や参加意識、愛着や安心感などを含んだ感覚」である。そして、オンラインでの友情関係がオフラインにも広がる可能性を述べている。オフラインでの交流がきっかけであろうと、オンラインでの交流がきっかけであろうと、ネオ・コミュニティの維持には、インターネットの果たす役割が大きいのは確かである。

コミュニティとボランティア

コミュニティの運営と活動はボランティアによって支えられるといっても過言ではない。ケアもコミュニティがかかわるとボランティアの役割が大きくなる。例えば、松岡（前掲、pp.179-184）は、オランダの事例として、ノルダー・ホックとよばれる介護住宅について述べている。三階建てで、敷地面積五五平方メートルの住宅が三〇戸あるノルダー・ホックでは、一階に看護ステーション、地域に開放されたアクティビティ・ルームそしてレストランがあり、日勤三人、夜間二人、深夜一人の職員が配置されているが、四〇人以上のボランティアが活動している。

オランダでは国民の四〇%が何らかの形でボランティアに参加していて、その動機として、自分自身が「こんなときボランティアがいてくれたら非常に助かる」という体験に基づいている人が多いという［(松岡（前掲、p.240)］。「生きがいをもちたい、人に喜んでもらうことに自分も喜びを感じる」ことで参加しているようである。人間は進化の過程でそのような感情をいだくようになったとも言われ、ある意味自然な感情であると思う。

ケアに関しても、コミュニティでその人の日常にかかわっているので、その人のことをよく知っており、専門職よりも深く気持ちを理解でき、隣人、家族、友人の気持ちで接していて、お互いに敬意をもっているので、満足度が高いという。

ここで注目したいのは、オランダにおけるボランティアの定義である。保健福祉スポーツ省（MVWS）の定義（1973年）によれば、「強制されることなく、支払いを受けず、組織化されたなかで人々や地域のためになされる活動。その人の生活維持に関係ない」とある［松岡（前掲、p.245)］。「自発的」で「無報酬」、そして「組織性」である。ボランティア活動の社会的意義をたかめるには、その組織化が重要な課題である。ボランティアを日本語で「道楽」と訳すとよいという人がいるが、その場合、組織性があいまいになる。ケアに関して組織でなく個人で行うとオランダでは「マントルケア」となる。日本でも家族などによるケアをボランティアとは言わないと思う。

4. 日本における共同体

成熟社会の要件を満たすには、防災やケアの視点から共助を担うコミュニティの役割が大きいことを述べてきた。内山節（2010）は、わずか半世紀の間に共同体は克服すべき前近代から未来への可能性へとその位置を変えたとして、日本の伝統的な共同体に着目しながら、共同体の再生をうったえている。そして、共同体を否定から「肯定」へと変化させた最大の要素として、①市民社会のゆきづまり感、②自然に対する関係の変化、③資本主義的な労働や消費者としての暮らしに対する疑問、をあげている。［内山（前掲、pp.2-3）］

近代化とは、多岐にわたる変化の集合であり、次の(1)～(3)であらわされる［内山（前掲（p.15-16）］。

(1) 国民国家の形成で、それまでの地域の連合体としての国家を解体し、人々を国民という個人に変えて、この個人を国家システムのもとに結合管理する中央集権的国家システムへの移行である。したがって、国民国家は自然発生的な共同体でなく、アメリカ合衆国がその典型であるような人工物である。

(2) 個人を基礎とする市民社会の創造である。それは、市民の意向に合うように人工物である国家システムは形成されるべきであると「市民社会の理念」により正当化される。

(3) 資本主義的な市場経済の形成で、この動きを促進するために、歴史は進歩するという「共同幻想」のもとに、科学的、合理的に依存する精神の確立をめざす。

資本主義的な市場経済と工業化には、インフラ整備が欠かせないので軌道を一つにするように、中央集権国家を必要とした。国家もまた新生国民国家間の激しい抗争を勝ちぬくために強い軍隊を必要とした。「大砲と軍艦だけでは国家は強くならない」と渋沢栄一がいったように富国強兵が実行された。

社会における個人の役目を強調する過程で、地域共同体は解体されていき、人々は集団が結束するパワーを忘れていく。これは国家を支配する階層にとって都合がよく、軍事専門家なら、これは「分断戦略法」になる［サター（2021, p.125)］。ドゥ＝ヴァール（2017, pp.264-265）によれば、ワタリガラスの社会には階層があり、上位の階層ほど強い絆で結ばれていて、中間は緩く、最下層は絆がない。上位の階層は、他の集団が絆を築くのを邪魔するとのことである。人間社会も同じで、分断戦略は戦争遂行に利用され、市場経済の利潤追求にも利用されている。さらに科学的、合理的精神は結構なことであるが、その果実は市場経済の利潤追求と武器の高度化に使われている。心理学の成果も消費者を気前のよい浪費に向かわせるのに利用されている。

［ドゥ＝ヴァール（2017, pp.264-265)］

共同体の性質は、時代や地域によって異なり、共通の共同体概念で一括りにできない。共同体をある確立したものとしてとらえて、否定したり肯定したりするのは誤まっている。共同体の性質は千差万別であって、個別的にそれぞれ共同体を評価するべきである。必要なのは共同体を持とうという意識である。

近代的な市民社会へのゆきづまり感が強まるなかで、共同体は前近代の象徴ではなく、未来への可能性として「共同体」が語られるようになってきた。今日の共同体への関心は、過去への思いとしてではなく、未来への探求として展開していくべきだろう。内山（前掲、p.28）は、自然と人間の結びなおし、人間と人間の結びなおしとして、日本の従来の共同体に関心を寄せた。

日本の従来の共同体の特色

内山（前掲）に従うと、日本の従来の共同体は以下のように特色づけられる。

(1) 日本の従来の共同体は自然と人間の共同体である。これに対して、ヨーロッパあるいは現在の共同体は人間間の共同体である。

(2) 日本の従来の共同体は、生と死の世界を統合した共同体である。したがって、葬儀を共同体で行うのに意義がある。

(3) 日本の従来の共同体は自然信仰、神仏信仰と結合した共同体である。共同体の鎮守の神社は生の部分で、檀家寺は死の部分を司る。したがって、神社に参拝し、寺に墓をつくるのは自然である。

(4) 進歩よりも永遠の循環を大事にする。イノベーションによる劇的変化で適応するよりも、マイナーな変化による適応を好む。ハードの変革よりソフトの変革できりぬけようとする。

(5) 人々は共同体とともに生きる個人。共同体こそ自分たちが生きる「小宇宙」があると感じていた。

日本の従来の共同体では、共同体内の人々は自然と人間の結びつきに関して、世界観を共有して生きていた。その精神が共同体の古層には存在していて、この基層を土台にして時代に応じて、地域に応じて共同体の形がつくられてきた。したがって共同体が壊されたとき、自然と人間を結び人間たちが共有世界を守りながら生きる精神がこわされていくことを意味する。共同体はその「かたち」に本質を求めていくのではなく、その「精神」に本質をおく。［内山（前掲、p.32）］

伝統的な祭りは自然と人間の結びつきを象徴している。したがって、故郷を離れた人が、祭りの時に故郷に帰るのは、共同体の古層にある精神を取り戻すためであるかも知れない。ヨーロッパの共同体の自治は人間社会の自治で、人間同士の契約によって成立する。これに対して、日本の共同体の自治は自然と人間の自治で、自然と人間の社会である。自然は意思（意志）を表明することはないので人間と契約など結ばない［内山（前掲、p.46）］。自然に人格と意思（意志）を持たせたのが一神教であるとすると、人格と意志があるから神（自然）と人間の契約が成立する。ヨーロッパの人たちは共同体が自ら造り上げた都市景観にアイデンティティをもつ。一方、日本人は「城破れて山河あり」のように、共同体とともにある自然に愛着をもつ。街が壊されるより、自然景観が壊されることに危機感をもつ。

さらに内山（前掲、p.44）は、「村人にとって動物は仲間であり、害獣であり、猟の対象でも、尊敬の対象でも、神の使いでもあった」、「だが、この矛盾を当然のこととして受け入れてきたのが、村人の精神であったのである。その意味では日本の伝統的な精神は合理主義ではない。人間の知性ではとらえられないものに包まれて、人間もまた生きていると考えてきた。つまり整理できない世界に生きているという諒解が、人々のなかにあった」として、恵としての自然と禍としての自然は、不可分であり、禍を取り除こうとすると、恵が減少するとしている［内山（前掲、p.57）］。

自然を取り込み、自然への思いをたえず再生産することによって、自然と人間の自治が行われてきたのが、かつての共同体である。だから日本の共同体は自然への信仰を抜きにしては語りえないのである。人間として暮らすこと自体が人間を自然から離し、精神の穢れをつくりだしていく。人間には「私」があるからである。「私」＝自我＝自己は、欲望と煩悩につながる［内山（前掲、p.48）］。自然の中で暮らし修行することで自然と一体化し、「私」をはなれる。

このことは個の確立に関し、欧米とは違っていることを示す。欧米の場合は他者に対して自己を示すのにたいして、日本の場合は自己を極めることが個の確立となる。人間として他者はどうでも良く、ひたすら自分の内面を掘り下げる。その中から自分ならではのものを確立する。これは小説となると私小説になる。欧米は水平的な個の確立であるが、日本は垂直的な個の確

立といえよう。〔内山（前掲、p.58）〕

垂直的な個の確立は、技を極めるようなことからも達成できる。「剣禅一如」、「道の精神」に結びつく。日本の個の確立は、他者から離れているが、自然（ジネン）からはなれていない〔内山（前掲、p.59）〕。自然に回帰した垂直的な個の確立は、精神性疾患が増加している現在社会で、ある種の役割を果たすように思える。

自己（個、私、自我）と共同体

清水博は『場の理論』（2003、pp.44-47）で、次のような「自己の卵モデル」を提示した。

(1)自己は卵のように局在的性質をもつ「黄身」（局在的自己）と偏在的性質をもつ「白身」（偏在的自己）の二領域的構造をもつ。

(2)卵を割ると白身は広がろうとするが、黄身は広がらない。白身は他の白身と交わる。白身が広がる範囲が「場」である。

卵の殻の割られ具合によって、白身の交わり具合と広がりが決まる。共同体は人間の集まりの「場」であるで、殻が壊れないうちは共同体にならない。近代の人間間の特徴は、人間を殻に入った卵にたとえられる。自他分離的状態である。二十一世紀の課題として、共同体の復活があげられるが、それには自己の殻を破り、「自己を開くこと」が求められる。

しかし、ITの普及によって、ますます自己を開かない人間が出てきている。そして人への愛着が希薄になる。岡田尊司は『ネオサピエンス―回避型人類の登場』(2019, p.144)で、「回避型人類は、共感でなく、ルールと服従でしか物事を考えることができない。言うとおりにしないことはルールを破ることでしかなく、怒りを感じて罰することしかできない」、「愛着が希薄化し、母親が幼い子供を手放すことが、もはや苦痛でなくなった。回避型人類は、哺乳類でありながら、哺乳類誕生以来の育児という桎梏から解放された」としている。

人や人間同士のコミュニティには殻を破れない回避型人間も、自然と一体化した共同体では、殻が破れるかもしれない。石井あらた『山奥ニートやってます』(2020)は、和歌山の山村の廃校で、回避型人間の部類に入ると思われるニート達の共同生活を綴ったものである。それによると彼らは、自然の中で村人とかかわりながら、楽しく自活しているようである。

5. 成熟社会の家族そして女性

生き物の生態を見ていると、子孫=遺伝子―を残すために必死であり、実に献身的である。

そして子育ての方法もさまざまである。鳥類は雌雄一対の「つがい」で子育てをする種が多くみられる。一夫一婦制の模範のように生涯パートナーを替えないものも少なくない。一匹の雄が多数の雌をかかえるハーレムもあれば、クマやトラのように雌だけで子供を育てるのもある。サルやオオカミは集団生活しているが、ボスは雄である。しかしハイエナの場合はボスはメスだそうだ。それぞれがその特質に応じて環境に適応してきた結果である。

人間の場合も、子育てが基本にあって、家族が構成されてきたと考えられる。その形態は、第一に自然環境に依存するが、歴史的に変化してきている。現在では異性の結婚による一夫一婦制の下での核家族が広くいきわたっているが、そうでない形態も少なくない。男が働きにでて女が家を守るという「愛情に満ちた家族」というモデルは、西欧近代が生み出したもので、ここ二〇〇年そこらの歴史でしかない［弓削（2011, pp.46-47）］。このフィクションによって、家庭から「労働」の要素がかき消され、女性が担う仕事や育児は「愛情の発露」とされ、女性は資本主義の市場原理から隔離され、自らが選んだのではないアンペイド・ワーク（無償の労働）を強いられるようになった。

もっとも、農家や工場労働者の家族では、夫の働きだけでは食べていけず、妻も子供も総出で働いていて、「愛情に満ちた家族観」は実感のないものであった。大きく変わったのは、子供は働き手でなく、教育を受ける存在であるとなったことである［弓削（2011, pp.47-48)］。これもまた、資本主義的市場経済の思惑によるものであるが、現在では女性が外に出て働くことが一般的になってきた。そして愛情に満ちた家族観は二十世紀の後半から、大きく揺らぎ始め、同性婚や結婚の形式にこだわらないカップルが、社会的にみとめられるようになってきた。

家族とは、血縁が絶対的でなく、一緒に暮らしたいと思えることであるとか、家族は夫婦と子供ではなく、「異なる世代がお互いに責任を引き受ける共同体」という複合家族的の考え方がヨーロッパでは出てきているようである［弓削（前掲、p.49)］。西洋の近代化が非西洋における家族や性の多様性を侵略してきた歴史からみると、歴史の皮肉であろう［弓削（前掲、pp.286-289)］。

このようなことから、成熟社会の家族と女性の役割については、西洋近代化されていない家族形態にヒントがあるように思える。その一例として、中国雲南省と四川省の境界に住むモソ人の風習は注目に値する。

モソ人の母系社会

金龍哲は『結婚のない国を歩く――中国西南のモソ人の母系社会』（2011）で、モソ族の生活を詳しく紹介している。モソ人の社会はマルコポーロの『東方見聞録』に出てくるようで昔から知られていたようである。現在、モソ人はチベット系ナシ族に組入れられているが、もともとは北方の遊牧民である羌（キョウ）族であったようである［金（前掲、p.11）］。その史実は、モソ人の土着宗教に則っての葬儀では先祖の土地に戻る経路「指路経」を唱えることで伝えられている［金（前掲、p.15）］。

モソ族の婚姻形態は、中国語で「走婚」、モソ語では「アシャ婚」あるいは「アチュウ婚」と呼ばれている。アシャ、アチュウはモソ語で恋人の意味である［金（前掲、p.24）］。「走」は中国語では「歩く」の意味なので、日本語に訳すなら「通い婚」である。周知のように、平安貴族の婚姻形態は「通い婚」であった。日本の古代は庶民もそうだったともいわれている。「夜這い」の風習は、現在の日本では廃れているが、戦前にはまだ各地で残っていたようである。通い婚と夜這いは相通じるところがある。「遊郭」も通い婚の変形として考えてみことも可能かも知れない。

相手を選ぶ場合、人間性や容姿、感情が重要で、相手の財産、出身、学歴、階級、年齢などは、一般社会に比べるとそれほど問題視されないようで、走婚における「無階級制」である［金（前掲、p.29）］。女性が夜に通ってくる男性をまつ部屋を「花楼」、「花房」といわれ、モソ語では「ニザル」で二階の部屋の意味である［金（前掲、p.31）］。
アシャの期間は好きあっていれば長く続くし、好きでなくなると別れる。あらかじめ決めておくものではない。一夜のみの恋、軽い気持ちの遊びの相手も「走婚の相手」になることになる。結婚前につきあった人を、夫とか妻とかカウントするようなものであるかもしれない。［金（前掲、p.35）］
走婚で子供が生まれると、一律に母親の姓を受け継いで、母親の責任のもとで母方家族の成員として育てられる。子供と住まいを一緒にしない父親には、子供を養育する義務が課せられない［金（前掲、p.39）］。モソ人の子どもで「父を知らない」というのは、男女の性行為の乱れでなく、子供が知る必要がなかったからである［金（前掲、p.41）］。
「モソ人の女性は苦労が多い」と愚痴をこぼす女性も、それは大抵家事や育児、生産労働による肉体的「辛苦」で、精神的には総じて明るい気質の女性が多い。「どうしようもない夫」の悩みも、「悪妻」についての悩みもないからである。いやになれば別れれば良いことだからだ。また姑の意地悪を受けることはないし、財産や子どもの養育が問題にならない［金（前掲、p.45）］。肉体的辛苦があっても精神的辛苦がないほうがよいと思う。もっとも、経済的辛苦が精神的辛苦に結びつくだろうが。しかし、現代人は異常に肉体的辛苦や経済的辛苦を少なくするために、精神的辛苦をしているように思う。

「平常の生活」を営む昼と、恋が営まれる夜を区別している。走婚は非日常な夜の生活に限定される［金（前掲、p.51）］。非日常では日常で許されない行為が許される。日常と非日常の区別をかしこくしている。現在社会はこの区別を曖昧にしているので、さまざまな弊害が出る。法治主義にこだわるあまり、非日常だから許されるべきである行為を日常でも許し、日常で禁止する行為を非日常でも禁止する。このため社会は精神的に大きなストレスを抱えることになる。

中国の少数民族のほとんどはそうであるが、特にモソ人は「歩けるようになると踊ることができ、話すようになると歌うことができる」といわれている［金（前掲、p.26）］。このことはモソ人の非日常を楽しくし、コミュニティの絆を強めているように思う。ここで非日常といったのは家事や生産活動でないという意味で、余暇といってもいいかもしれない。余暇に現代人はプロの芸能などを楽しむが、気軽に仲間内で歌い踊りあうことはあまりない。歌を忘れたカナリヤになっていて、文化力の低下をまねいている。カラオケ文化がその補いになっているかどうか判断は難しい。

また、日本でも昔はどこの村でも村芝居もあって、祭の時に演じられた。今は残っているところが少ない。演劇は認知症の治療や予防に効果的であるといわれているので見直しが必要だろう。

モソ人の風習では、近親相姦を避けるためのタブーがある。自分の兄弟姉妹、あるいはイトコを含めて、異性のいる場所では「性」を口にしてはならないという〔金（前掲、p.55)〕。
皆の集まった場所に異性の親族がいると、それを避ける。混浴の場合でも、親族は入らない。〔金（前掲、p.55-57)〕
女は「一家の根」であり、女家長制で女家長は「タブ」とよばれる〔金（前掲、p.88)〕。モソ人の女性は、家族に必要な数だけ子供が生まれると、他の姉妹たちは子供を産まない傾向があるが、その一方で、女児に恵まれず、家系が途切れる危機に瀕した場合は、救済措置として養女を引き取る。母と母の姉妹は同じ「マミ」（母さん）と呼んで区別しない。生母と同じように兄弟姉妹の面倒を見る。〔金（前掲、p.71-73)〕。
ちなみに、モソ人の親族名称はつぎのようである〔金（前掲、p.82)〕。

①祖父母の代は、父方、母方を問わず、男性は一律「アブ」と呼び、女性は一律「アル」と呼ぶ。
②父親も母方オジも、みな「アウ」と呼ぶ。
③母親も母親の姉妹も、みな「アミ」と呼ぶ。
④兄と姉の名称は、実の兄姉かイトコの兄姉かを問わず、一律に「アム」と呼ぶ。
⑤弟は、父方、母方の従弟を含めて一律に「キズ」と呼ぶ。

⑥妹は、父方、母方の従弟を含めて一律に「グミ」と呼ぶ。
⑦甥も孫も、みな「ズォウ」と呼ぶ。
⑧姪も孫娘も、みな「ゼミ」と呼ぶ。(p.82)

「モソ人の母を礼讃する歌は、木の葉っぱより多く、誰の心にも慈しむ母親像がある」といわれる［金（前掲、p.87)］。その一方で、モソ人の女系家族では、母方のオジ（「舅舅」）がタブに次ぐ地位にある。女方「オジ」が父性を担い、皆から尊敬される。モソは舅舅という立場を重んじ大事にする。姉妹に子どもがうまれて舅舅となることは、男として重要な意味を持つ。親族のなかでも、社会の中でも地位の向上につながる。モソ人の男としての役割の重心は、父親の役割におかれるのではなく、母方のオジとしての役割におかれる。［金（前掲、p94-96)］

金龍哲（前掲、pp.117-118）は、モソ人の母系社会の長所を次のようにまとめている。

(1) 母系制では家族の和が保てる。モソ人の家族は母系の血縁を守り、すべての成員が一人の母の出自を辿る者で構成されるから、家族関係がシンプルで、嫁姑の不和、嫁同士のしがらみなどが生じない。数世代が同じ屋根の下で生活し、関係が親密で、仲が睦ましい。お年寄りの孤独死や子どもの虐待など発生しない。

⑵ 男女の関係は感情を基礎に築かれる。つまり、地位、財産、家柄などより互いの愛情が重んじられ、性に自由である。好きな人と結ばれ、愛情がなくなれば別れる。愛情がなくなっているのに、子供の扶養、財産、慰謝料のために別れるのをためらったり、世間の目を気にしたりして、夫婦を演じることはない。

⑶ モソ人の社会では、子供も老人も障碍者も生活の不安がない。家族のために生涯働いてきた年長者に対して、家族が面倒を見ることは当然のことであり、逃れることのできない責任である。モソ人の社会には誰も面倒を見ないような孤独な老人は存在しない。仮にそのようなことがあったとしても、部族の掟で懲罰が与えられ、その老人は他の家族によって扶養される。

⑷ 人口の盲目的な膨張を抑制する。モソ人の人口は安定している。寧浪県内のモソ人の人口は平均二五人程度しか増えていない。モソ人の社会には男の子が代を継承するという考え方もなければ、必ず自分の子どもをもたなければならないということもない。姉妹の子どもはすなわち自分の子どもである。

⑸ 走婚は家柄、経済、地位などの制約をあまり受けず、互いの感情と美貌、才能が重視されるので、結果的に優秀な男と女が結ばれる。いわゆる「優生優育」である。

(6) 財産が分散しない。母系家族は普通の家族より規模が大きく、支出も大きいが、財産が集中しているため、投資が容易となる。兄弟が結婚して分家を繰り返し、姉妹が外に稼ぐことに伴う財産の分散が発生しない。モソ人の居住地域において先に豊かになったのは母系家族であり、多くの一夫一婦制が母系家族に戻る現象も見られる。

(7) 家庭の役割分担が明瞭である。家族内に労働力が多いため、家事する者、生産労働に従事する者、放牧する者、商売をする者など、それぞれ役割を分けて担うから、負担が軽く、効果的である。

(8) 社会が安定する。生活に秩序があり、民風が素朴であるため、「夜ドアを閉めず、路上で拾い物をしない」。婚姻と家族制度の合理性により、社会と人々の生活は安定し、大きな社会不安は生じない。歴史的には異民族の侵入に伴う紛争や、地域間の争いが見られたもののの、モソ人内部においては仇討、凶悪犯罪や暴力行為は発生していない。

これによれば、走婚は婚姻自由・男女平等・愛と感情を基礎とする婚姻関係であり、外界から「遅れた原始社会」とみられるモソ人の社会において、文明が発達した社会が目標とする「人間性の平等と性の調和」が実現されている。その制度は、やがて一夫一婦制に至るまでのプロセスで、それへの道程が偶然阻害されて残ったとする古い評価は誤りである。むしろ、モソ人の婚姻・家族の在り方は、新しい婚姻、家族の発生と発展、人類社会の姓を見なおす貴重な情報を与えてくれている。［金（前掲、p.113-116）］

一夫一婦制の家族を築いているモソ人は都会に住んでいる。都会は走婚するための条件が整っていないとのことだ。公務員などは、一応形式的に一夫一婦制であるとのことである［金（前掲、p.47）］。走婚の条件はどうすれば整うだろうか。コミュニティの存在が欠かせないのではなかろうか。地域コミュニティでないコミュニティでこのことが可能になるだろうか。現在の成熟社会における課題である。

成熟社会の女性

現在は「女性が働く時代だ」といわれるが、正確な表現ではない。女性はいつだって働いていて、変わったのは仕事の種類である［マルサル（2021, p.11）］。そして、女性たちは自分たちを養ってくれる男性を求めるかわりに、男性がしている仕事を求めはじめたのである［マルサル（2021, p.80）］。その仕事は、家庭から離れて、カネを稼ぐ仕事である。だが、男性が外で存分に仕事に打ち込めるのも、家庭内の育児・家事・介護などのケア労働を女性が引き受けてくれていたからである。

女性が男性のように家庭外で働いても、家事や育児の仕事が残る。それは誰かが担当しなければならない。そのやり方には、いろいろなケースがあってよく、多様性が大事であり、文化力が向上するかどうかがカギになる。

ケアの仕事を家庭内で負担することになると、核家族化した現在では、男性も家事、育児、介護を担うのが当然であろう。ケアの仕事を助ける便利な機器や情報ネットワークがかなり整ってきているので、不器用な男性でもケアの仕事をこなせるようになっている。そうは言っても限度があり、すべてをというわけにはいかない。家庭外の力を借りる必要がある。ケアを外部に委託する場合の問題については、すでに述べたのでここでは省略したい。

三世代が同居するような大家族では、核家族とは少し事情が異なり、ケアの仕事のかなりの部分を家族で担える。子どもに家族で寄り添えるので、精神も良い状態で育ち、回避型人間や反社会的な人間になることを防げるだろう。高齢者も孤独にならないだろう。大家族はいうなればケアの仕事を効率化し、自給自足化を促進する。これらは、社会全体の文化力を高める。

モソ人の女系家族が市民権をもって、現代社会にある程度普及すれば、成人した兄弟姉妹も同居する大家族となるので、ケアの社会的効率は高まり、経済の自給自足的側面が促進され、男女に関する見方ももっと柔軟なものに変わると思われる。「女尊男重」は、モソ人の男女観を表現するものであるが、実に味わい深い。

管理職の何パーセントが女性でなければならないとか、議員の何パーセントが女性でなければならないとかは、あまり意味がないように思う。そうしなければならないと女性の意向が反映されないのは、社会全体の仕組みに欠陥があると言える。もっと自然な形で女性が活躍できる仕組みが大事である。

エピローグ　文化資本と文化力

文化経済力

本書のサブタイトルは「日本的文化資本の創造」である。しかし、日本文化の文化力についてはかなり触れているが、文化資本に関してあまり触れていない。文化は富の使用に関係する文化力に影響するが、実は富を生み出す能力にも影響する。どちらかといえば、文化資本といったときには富を生みだす方に関係していて述べられることが多い。そして社会資本やインフラストラクチャーのソフト面としてとらえられている。富を生みだす文化の能力を、富を幸福に変換する能力である文化力と区別して、誤解を生むことを承知の上で「文化経済力」とすることにしよう。日本政府が主導するクールジャパン戦略は日本文化の文化経済力に期待したものであるが、海外の注目はむしろ日本文化の文化力にあるようである。そのことを認識しておかないとクールジャパン戦略は失敗に終わる。文化経済力を効率化しようとすると、文化力を低下させ、魅力を失うからである。

ハードとしての文化資本は、文化力や文化経済力を輔弼する装置・しつらいであり、具体的には、美術館・博物館・図書館、劇場・音楽ホール、歴史的建造物などである。文化を少し広い意味でとらえると、学校など教育機関、研究所などの設備・建造物が含まれる。文化のとらえ方によって、道路・港湾、公共施設などの社会資本一般との線引きが難しくなる。

文化力と文化経済力の相乗と相殺

文化は文化力と文化経済力を生みだすが、両者には相乗と相殺の関係がある。いうまでもなく相乗効果が望ましい。文化経済学の基本公式、

人間の幸福＝文化力 × 経済力

を思い起こすとそのことがはっきりする。相乗効果のある文化であれば、文化力が向上すれば文化経済力も向上し、また経済力の高まりが文化力を向上させるので、人々の幸福に大きく貢献することになる。

相殺する文化の場合、文化力の向上が文化経済力を低下させると、経済力が弱体化し人々の幸福度は高まらない。身分制度、因習、宗教的信条などの文化要因が経済活動に関して厳しい制約を科している場合は、このケースであって、近代以前の伝統的社会にみられる。

また文化経済力が文化力を低下させると、経済が成長しても幸福感が高まらない。幸福のパラドックスが生じる。現在社会が直面している状況である。

資本主義は生産方式からみれば、機械、設備などの資本を主力とするもので、機械主義ともいえるだろう。資本は生産可能であるので、労働や土地のように制限がなく、生産の拡大には好都合である。資本主義は経済成長をめざす資本の自己増殖システムとなる。

生産の場での機械主義は、人々の生活の場にも普及し、家事や日常生活活動も機械化される。家庭にはテレビ、冷蔵庫、エアコン、電子レンジなど電化製品があふれ、通勤、買い物、レジャーには、電車、バス、自動車を使う。生活は便利で快適になる。

家事の省力化は、大家族でいることの必要性を減じ、核家族あるいは単身世帯での生活を可能にする。家族が細分化されることは、家庭電化製品や自動車の需要を増加させることにもつながり、経済成長に寄与する。インスタント食品や出来合いの惣菜などが出回り、スーパーやコンビニで手軽に購入できるので、家事をますます手抜きできるようになる。家事が省力化できると、女性が外にでて働くのを助ける。いまでは若い世帯の共働きが一般化している。この事情は家事の機械化や外部委託を一層すすめる。

家族が細分化され世帯が小さくなることは、家計における協業の能力とメリットを奪い、子育てや介護に顕著に現れ外部への委託に頼ることになる。このように日常生活における機械化と外部委託は市場への依存を強める。日常生活での便利さ快適さは増すが、満足感や精神的充実さにつながるとは限らない。市場で調達する財やサービスは、画一的で個々の事情に則さない。俗にいう足に靴を合わせるのでなく、靴に足を合わせることになりかねない。それに市場で貨幣と交換すると必要なものが手安く手に入るが、それだけに大事にしなくなると同時に、モノづくりや子育て・介護におけるプロセスの効用を失う。幸福のパラドックス発生の要因である。

ポスト工業社会の機械化

経済が成長発展するにつれて、第三次産業が産業構造の中で大きな割合を占めるようになる。これはペティ・クラークの法則として知られているが、今や先進国では八〇%以上の労働者が第三次産業に従事している。都市では優に九〇%を超えているだろう。第一次産業と第二次産業は有形の財を生産しているが、第三次産業が提供するのは無形のサービスである。ポスト工業社会の到来である。

従来このサービスの分野は機械化が難しく、人間の労働に依存する割合が大きな分野であるが、エレクトロニクスの革命によって、この分野にも機械化の波が押し寄せている。輸送部門は自動運転によってドライバーを駆逐する。金融サービスの分野でもインターネットバンキングが店舗すら不用にする。医療や福祉の分野でもAIやロボットが活躍するようになっている。教育の分野でもネット授業により、学校に行かなくていいようになってきている。

飲食業でもすでに注文や勘定にタブレットが導入されて、ロボットのウエイターやウエイトレスも登場してきている。そのうち風俗の世界でもロボットが登場するかもしれない。そうなると法の規制が難しくなる。スポーツの世界でもロボットの相撲やサッカーが行われるようになるだろう。サービスも機械化すすむことで便利になりコストの削減になるのは悪いことではないが、ホスピタリティと無縁な味気のないものになってしまう可能性がある。機械への莫大な投資がなされるが人々の幸福感は高まらない。文化力の低下である。

文化力と文化経済力のバランス

機械化が進むことは、資本の蓄積が増加することであり、それにエネルギーや資源を投下することである。そして人間から仕事を奪うのは、人間が食べる食料を牛に食べさせて肉を得ようとするのに似ている。その上に文化力の低下で幸福感も高かまらないとすれば、人間社会の持続可能性から問題である。文化力と文化経済力がバランスをとれるように、文化資本を形成しなければならない。

そしてこれを達成するのに、両者のバランスが取れたある一つの特定の文化を選択しようとするのは間違いで、人間の本質に反し非現実的である。人々は多様であって、機械化された便利で快適な生活を好む人もいれば、便利快適よりも不便だがプロセスを楽しむスローな生活を望む人もいる。両極端の中間を選ぶ人も少なくないだろう。多様な文化の共存で全体としてバランスを取るのが望ましく、現実的である。多様な文化を共存させる制度や運営システムが人類の共有するべき最も重要な文化資本である。

参考文献

A

阿満利麿(1996)『日本人はなぜ無宗教なのか』筑摩書房

東浩紀(2001)『動物化するポストモダン―オタクから見た日本社会』講談社

東浩紀編著(2010)『日本的想像力の未来―クールジャパノロジーの可能性』NHKブックス

B

ビンスワンガー、M.(2009)『お金と幸福のおかしな関係―トレッドミルから降りてみませんか』小山千早訳、新評論。原典は2008年出版

Boulding, K. J. ed. (1970a) Peace and the War Industry, Trance-action Book, Aldine Publishing Company.

Boulding, K. J. (1970b) "The Deadly Industry: War and the International System", in Boulding(1970a, pp.1-12).

Boulding, K. J. (1970c) Economic as a Science, McGrow-Hill

C

筑後川入道九仙坊 (2021)『九州独立と日本の創生』新評論

D

駄田井正(1974)「ピグーの厚生経済学と所得分配の平等の妥当性」『産業経済研究』第14巻4号、久留米大学産業経済研究会(現・久留米大学経済社会研究会)

駄田井正・浦川康弘(2011)『文化の時代の経済学入門』新評論

駄田井正(2009)『筑後川流域における持続可能な地域の形成―自然との共生をめざして』久留米大学産業経済研究所紀要第33輯

駄田井正(2015)「反・ピケティ論」『経済社会研究』第56巻pp.91-98、久留米大学経済社会研究会

駄田井正(2018)「文化の時代の経済と筑後川流域の文化資本」『文化資本研究1：文化資本とホスピタリティ』文化科学高等研究院出版局

ドラッカー、P.F.(1993)『脱資本主義社会』上田惇夫・佐々木美智男・田代正美訳、ダイヤモンド社

ドゥ＝ヴァール、フランス(2010)『共感の時代へ―動物行動学が教えてくれることは』柴田裕之訳、紀伊国屋書店

ドゥ＝ヴァール、フランス(2017)『動物の賢さがわかるほど人間は賢いのか』紀伊国屋書店

F

ファインシュタイン、A.(2015)『武器ビジネス』村上和久訳、原書房。原典は2015年出版

福井義高(2015)「『21世紀の資本』の欺瞞と拡散する説誤」『正論』2015年4月号、産経新聞社

福岡賢正(2000)『たのしい不便』南方新社

福澤諭吉(1995)『文明論の概略』岩波文庫。初版は1875年

福原義春(1999)『文化資本の経営』ダイヤモンド社

フライ、ブルーノ、S.(2012)『幸福度をはかる経済学』白石小百合訳、

NTT 出版。原典は 2008 年出版

G

ガブール、D. (1973)『成熟社会―新しい文明の選択』林雄二郎訳、講談社　1973 年。原典は 1972 年出版

ガルブレイス、J. K. (1960)『ゆたかな社会』鈴木哲太郎訳、岩波書店、1960 年。原典は 1958 年出版

H

濱崎裕子 (2008)『コミュニティケアの開拓―宅老所よりあいと NPO 笑顔の実践に学ぶ』雲母書房

原洋之介 (2000)『アジア経済システム』中央公論社

林雄二郎 (1982)『成熟社会―日本の選択』中央経済

ヒックス、J. R. (1968)『価値と資本』安井琢磨・熊谷尚夫訳、岩波書店。原典は 1939 年出版

日高敏隆編著 (2005a)『生物多様性はなぜ必要か?』昭和堂

日高敏隆 (2005b)「「雑食動物」人間」、日高 (2005a, pp.41-72)

ホーエン＝ストライク、ヘザー (2010)「プロレタリア文学のクールさの可能性」、東 (2010, pp.161-168)

堀秀彦 (1979)「幸福」、山田 (1979a, pp.12-20)

I

池上淳 (1991)『文化経済学のすすめ』丸善書店

池上淳・植木浩・福原義春編著 (1999)『文化経済学』有斐閣

井上智洋 (2016)『人工知能と経済の未来―2020 年雇用の大崩壊』文藝春秋

石井あらた (2020)『山奥ニートやってます』光文社

石井威望・小林登・清水博・村上陽一郎編著 (1984)『現代文化のポテンシャル』中山書店

伊藤氏貴 (2018)『美の日本―「もののあはれ」から「かわいい」まで』明治大学出版会

J

ジョナサン、エイブル (2010)「クールジャパノロジーの不可能性と可能性」、東 (2010, pp.136-160)

K

川本芳 (2005)「遺伝子からみた多様性と人間の特性」、日高 (2005a, pp.91-96)

笠原正成 (1979)「老年の生き方について」、山田 (1979a, pp.87-93)

金龍哲 (2011)『結婚のない国を歩く―中国西南のモソ人の母系社会』大学教育出版会

菰野利久 (2003)『ユダヤ・キリスト・イスラーム・親鸞』法藏館

國友公司 (2021)『ルポ 路上生活』株式会社 KADOKAWA

黒川紀章 (2006)『新・共生の思想』黒川紀章著作集Ⅳ（評論・思想Ⅳ)、勉誠出版

L

Levin, L. C. (1970) “Report from Iron Mountain”, in Boulding(1970a, pp.53-81).

リヒター、シュテフィ(2010)「ヨーロッパにおける「クール・ジャパノロジー」の兆し」、東(2010, pp.169-185)

M

松岡洋子(2021)『オランダ・ミラクル』新評論
マルサル、カトリーヌ(2021)『アダム・スミスの夕食を作ったのは誰か？』高橋璃子訳、河出書房新社。原典はスエーデン語
Mill, J. S. (1848) Principles of Political Economy, Düssendorf Wirtchaft and frangen, 1988版
三井秀樹(1979)『美のジャポニズム』文藝春秋社
宮島たかし(1995)『文化の社会学』有信堂
桃崎有一郎(2020)『礼とは何か』人文集院

N

中野孝次(1992)『清貧の思想』草思社

O

岡本栄一・保田井進・保坂恵美子編著(1996a)『地域福祉システムを創造する』ミネルヴァ書房
岡本栄一(1996b)「地域福祉と地域文化」、岡本(1996a)
大川周明(2021)『日本二千六百年史』毎日ワンズ。初版は1827年
大塚久雄(1950年初版)『共同体の基礎理論』岩波書店
岡田尊司(2019)『ネオサピエンス—回避型人類の登場』文藝春秋

P

ピグー、A.C.(1963)『厚生経済学』永田清監訳・千種義人・鈴木諒一・福岡正夫・大熊一郎訳、東洋経済新報社。原典は1920年出版。
ピケティ、トマ(2014)『21世紀の資本』山形浩生・守岡桜・森本正史訳、みすず書房。原典（フランス語）は2013年に出版。

R

リフキン、J.(1980)『エントロピーの法則—21世紀文明観の基礎』竹内均訳、祥伝社。原典は1970年出版。

S

桜井政成(2020)『コミュニティの幸福論—助け合うことの社会学』明石書店
佐野洋(1989)『日本的成熟社会論—20世紀末日本と日本人の生活』東海大学出版会。
佐藤洋一郎(2005)「生活のなかの多様性」、日高(2005a, pp.139-183)
佐々木晃彦編著(1999)『文明と文化の視覚—進化社会の文化経済学』東海大学出版会
シュンペーター、J. A. (1956)『経済分析の歴史』東畑精一訳、岩波書店、原典は1954年出版。
スローター、A. M. (2017)『仕事と家庭は両立できない？—「女性が輝く社会」のウソとホント』関美和訳、NTT出版
サター、J・アンドリュー(2021)『経済成長神話の終り—減成長と日本の希望』中村起子訳、講談社現代新書
清水博(2003)『場の理論』東京大学出版会
篠原徹(2005)『自然を生きる技術』吉川弘文館

ストージンガー、J. G. (2015)『なぜ国々は戦争をするのか』等松春夫監訳・比較戦争史研究会訳、図書刊行会。原典は 2011 年出版
鈴木宣弘 (2013)『食の戦争―米国の罠に落ちる日本』文藝春秋社
鈴木良次・曽我部正博 (1984)「遺伝子と文化の相互進化」、石井他 (1984)
鈴木貴博 (2017)『仕事消滅―AI の時代を生き抜くために、今私たちにできること』講談社
鈴木薫 (2000)『オスマン帝国の解体―文化世界と国民国家』筑摩書房

T

高階秀爾 (2015)『日本人にとって美とは何か』筑摩書房
タクマン、B. W. (2009)『愚行の世界史―トロイからベトナムまで』大社淑子訳、中央文庫、上・下。原典は 1984 年出版
トフラー、アルビン (1982)『第三の波』徳岡孝夫監訳、中央公論社
トッド・エマニュエル (2022)『第２次大戦はもう始まっている』大野舞訳、文芸新書
月尾嘉男 (1993)『贅沢の創造　２１世紀・技術は芸術を目指す』PHP 研究所
堤未果 (2021)『デジタル・ファシズム～日本の資産と主権が消える』NHK 出版新書
鶴原徹也 (2020)『自由の限界―世界の知性21人が問う国家と民主主義』中央公論

U

内山純蔵 (2005)「文化の多様性は必要か?」、日高 (2005a, pp.97-138)
内山節 (2010)『共同体の基礎理論―自然と人間の基層から』農文協

W

渡辺明 (1999)「進歩する科学技術と文明文化論」、佐々木 (1999)
渡辺通弘 (1999)「文化哲学と文化システム」、佐々木 (1999)

Y

山下範久 (2008)『現在帝国論―人類史の中のグローバリゼーション』NHK ブックス
山田浩之 (1999)「文化産業と地域社会」、池上他 (1999)
山田孝雄編著 (1979a)『世界の幸福論』大明堂
山田孝雄 (1979b)「西周の幸福論」、山田 (1979a, pp.115-134)
山本哲士 (2021)『甦えれ　資本経済の力：文化資本と知的資本』知の新書 001
安室憲一 (2012)『多国籍企業と地域経済―「埋め込み」の力』御茶ノ水書房
吉田徹 (2021)『くじ引き民主主義―政治にイノベーションを起こす。』光文社
弓削尚子 (2011)『はじめての西洋ジェンダー史―家族史からグローバル・ヒストリー』山川出版社

値が価値の基準として重きをおく社会では、市場価値に重きをおかない生き方をすれば、それがどれだけ人間的ですばらいものであっても、富には縁がなくなるであろう。

注）
1）この概念。ピケティは資産と同義語であるとしている。
2）利潤をどう定義するか。どのように決まるかが問題。
3）ピケティ [2, p.376]
4）ピケティ [2, p.373]
5）古典派経済学では、労働者は貯蓄する余裕がないのでｓW＝０と考えられている。したがって、ｇK＜ｒは成立する。
6）ピケティ [2, p.173]
7）ピケティ [2, p.176]
8）ポラニー [6]

参考文献

[1] ボーム、クリストファー『モラルの起源』斉藤隆典訳　白楊社　2014 年。
[2] トマ・ピケティ『21 世紀の資本』山型浩生・守岡桜・森本正史訳　みすず書房　2014 年。
[3] 池田信夫『日本人のためのピケティ入門―『60 分でわかる 21 世紀の資本』のポイント』東洋経済新報社　2014 年。
[4] 福井義高「『21 世紀の資本』の欺瞞と拡散する誤読」『正論』産経新聞社 2015 年 4 月号 pp.262-271.
[5] 柴山桂太「グローバリズムの亜種としての『21 世紀の資本』」『正論』産経新聞社 2015 年 4 月号　pp.290-299.
[6] ポラニー，K『大転換―市場社会の形成と崩壊』野田武彦・楢原学訳　東洋経済新報社 2009 年。

＊本稿は、駄田井正「反・ピケティ論」『経済社会研究』第 56 巻第 1・2 号（2015 年 9 月号）《久留米大学経済社会研究会刊》の転載である。

る。以前から富や所得格差の問題は世上に上っているが、ピケティはこの問題を歴史的・長期的観点から捉え資本主義の根本的な問題としている。しかし彼のこの問題についての原因分析や対応策については正鵠を得ていないと感じた。そのことを私なりに明らかにしようと思った。統計上の問題点には触れていないが、理論的側面に限ったものであるが、一応の目的は達していると思う。

富の分配の不平等、格差は、古来問題にされてきたことである。人類は、富の格差が拡大すれば人間社会を脅かすことになると直感的にあるいは本能的に認識してきたように思う。歴史的に見ても、社会の混乱や紛争は格差の拡大が原因となっていて、格差是正のための様々な社会的装置を工夫してきた。平等を指向する感情や意識とそれを実現する装置は、比較的小さな共同体(家族はその典型)の中に保持されてきた。近代の中央集権国家は、この共同体の枠組みを弱め、その役割の多くを国家の枠組みに置くようになった。ここに現代社会における格差問題の複雑さと困難さの原因がある。この傾向はグローバル化の進展でさらに加速されている。

一番大事なことは、なぜ人間は平等でなければならないか、そして格差の拡大はなぜ是正されなければならないかについての基本的な認識と合意であるように思う。このためには、社会的正義や良心の問題を演繹的に導く正義論ではなく、進化論的に考察しなければならない。すなわち何故人間は良心をもつようになったのか、善意があるのか、利他的行動をするのかを、厳しい環境の中で、そうであったから人類は生き残ってきたということから論じなければならないだろう。すなわち人間社会の持続可能性から考察しなければならない。そうでなければ、格差の限界やそのための社会的装置の是非が判断できない。

また、周知のようにポラニー[8)]は、自由市場の調整に依存した体制では、人間や自然(土地)のように本来商品でないものが、商品として取り扱われるとしている。商品は市場で販売されるために造りだされるのであるから、その価値は市場価値で評価される。市場価と考えられるし、ワーキングシェアや在宅勤務などを含めて多様な働き方が広がると考えられる。

(2) 労働の分配とその格差は労働の定義にかかわる。上述のように、高度な知識や技能が必要な職業と単純労働に近い職業との違いなどをどう取りつかうかの問題がある。

(3) 資本の分配の格差。ピケティはその格差が大であるとする。

(4) 地域間格差に由来する格差。このことについては、ピケティは何も触れていない。日本や中国においても所得や富の格差を論じるときに見逃してはならない要因である。日本においては、人口の高齢化にともなう過密過疎化が、所得や富の格差を生む大きな原因となっている。格差を縮めるには過密過疎対策が必要である。

ところで、ピケティも主張しているように格差是正には教育のあり方が重要である。すかわち、「貧困⇒充分な教育が受けられない⇒収入の良い職業に就けない」の悪循環を絶つことは必要であるのは言うまでもない。

実は、地域間格差の是正にも教育のあり方が大きくかかわる。今日の日本における過密過疎化には文部科学省に大きな責任がある。全国画一的な教育を強制した画一的な学校カリキュラムは、高等教育を受けた子供たちほど都会に送り出す結果になっている。少し過激な言い方かもしれないが、「優秀な人材は都会 (中央) に行き、バカは田舎 (地方) に残る」という事態を招いている。こういう事態が改まらないと過密過疎化はすすみ地域間格差は是正されない。少子高齢化がすすむ時代に、地元の虎の子を中央にとられては地方はたまらない。したがって、文部科学省の全国画一的な教育を中止して、地元を中心にした地元に人材が残るような教育に改めないと、日本は過密過疎化がすすみ、国は疲弊する一方である。

おわりに

本論を書くに至った動機は、彗星のごとく現れ世間の話題をさらったピケティの主張がどのようなものか興味を持って読んだことにあとに総需要と総供給は各期間で均衡する。経済は景気変動のない理想的な経路を進む。しかし、このような黄金時代は現実の世界では実現されなかったし、今後も実現されない絵に描いた餅である。ピケティはこの関係を持ち出すことで経済理論になじみの薄い読者を煩わし、著書の紙面を増やしただけである。

4．格差の原因

このように、ピケティが資本主義の固有の法則としたものは、社会主義市場経済は無論のこと、社会主義計画経済でも成立することである。したがって、富や所得拡大の原因は、経済体制そのものではなく政治や社会の体制の中に求めなければならない。富や所得の格差の原因は、単にマクロな統計的事実によるのではなく、総合的に考察しなければならない。その要点は次のようになるだろう。

(1) 資本と労働への配分がどうのようにきめられていくか。その場合、次のことが問題になる。

①フローとしての所得がストックとしての資産にとどう結びつくか。一般に所得が多ければ貯蓄も多く資産をより多く蓄積できる。そしてその資産からの配分が所得の累積的増加をもたらし、格差拡大になる。この関係を抑制するのに累進課税や資産への課税が効果的であると言われている。ピケティもそのように主張している。

②同一の個人が、資本からの配分と労働からの配分を受け取っている場合、全体としての所得や資産の格差をどう取り扱うかである。極端な場合、資本への分配がより多くなっても、社会全体としての所得分配が平等化する場合がある。

③労働をどのように定義するか。労働への配分は雇用労働にかぎるのか、それとも資本と分離した経営者・医師・著述家・芸術化・プロスポーツ選手などのテクノクラートや職能者を含めた人的資源への配分を考えるのかである。ポスト工業化社会を迎えた今日では、高度な知識や技能が必要な職業が比重を増す

どをもちだし説明している。しかしこれが格差とどういう関係があるかが不明である。この関係は事後的な事実と事前的な関係からの説明を必要とする。

事後的には、資本形成ΔKは貯蓄に等しいので、経済全体の貯蓄率をsとすると、

$$\Delta K = sY \qquad (3\cdot1)$$

である。ここで限界資本係数$\beta' = \Delta K / \Delta Y$であるから

$$\beta' \Delta Y = sY \qquad (3\cdot2)$$

より、

$$g = s / \beta' \qquad (3\cdot3)$$

を得る。ここで注意を要するのは、事後的な社会会計の関係から現れるのは限界資本係数β'であって、（平均）資本係数βではないことである。ピケティ自身も$g = s / \beta$は定義上成立するものではなく、経済が長期的に見て一種の均衡状態（いうなれば$\beta' \doteqdot \beta$）とみなせるときに成立するとしている[7)]。しかし、この関係をわざわざ持ちだしてきたことの意味がわからない。現実の経済が長期的に見ても均衡状態にあったとは考えられないからである。この関係が成立すると見ることの無意味さは、事前的な側面、すなわち需要の側面から見ればもっとはっきりする。

総需要をD，投資需要をIそして投資乗数を1／sとすると、総需要の増加ΔDは、

$$\Delta D = \Delta I / s \qquad (3\cdot4)$$

となる。投資需要Iが実現する（＝ΔK）と産出の供給能力は$\Delta Y = I / \beta'$増加する。市場が均衡するには、

$$\Delta D = \Delta Y \qquad (3\cdot5)$$

でなければならず、それには投資は

$$\Delta I / I = s / \beta' \qquad (3\cdot6)$$

の率で増加しなければならない。この率が長期間一定であれば、資本蓄積も一定の率で増加し、$\beta' = \beta$も実現することになる。そうすれば経済成長率も一定の率になり$g = s / \beta$が実現し、この率のも

が成立する。ピケティは資本係数βについてはくどいほど説明しているが、限界資本係数については何も触れていない。しかし、この相違は経済変動の不安定さを説明するのに非常に重要である。

関係（1・6）から$\beta' \geqq \beta$の場合、すなわち資本係数が増加傾向にある場合、$g_K < r$であれば、$g < r$となる。$\beta' < \beta$の場合には、$g_K < r$であってもg＜rとなるとは限らない。ピケティによれば、第1次大戦から第2次大戦後1970年ごろまでは、資本係数が低下していて、$g > r$の可能性があった期間で格差が減少した特異期間であるとしている。

2．$r = \alpha / \beta$について

ピケティはこの関係については社会会計上の原則から導かれるとしている。しかし、この関係は次のように非常に簡単に導かれるのにかかわらず、そのプロセスを説明していない。彼はこの関係を資本主義の第一法則としているが、法則というよりも定義の問題である。

$$r = \frac{\Pi}{Y} = \frac{\Pi}{Y} \cdot \frac{Y}{K} = \alpha / \beta$$

ピケティは、資本収益率は長期的に5％前後で安定しているとしている。したがって、資本係数βが上昇すれば、それに応じて資本の分配率αが上昇しなければならない。先進諸国の資本係数は第1次大戦ごろまでは安定していて、それ以後下落し、1970年以後上昇してきている。それが近年の格差拡大の原因であるとしている。

ピケティは、rが5％である理由として、時間選好をあげている。その割引率が5％であれば、20年後の資産の現在価値がゼロである。また資産の耐用年数は平均20年ということになる。合理的根拠があるか議論のあるところである。

3．$g = s / \beta$について

ピケティは、資本主義の第二法則としている[6)]この関係についても導出のプロセスを明らかにしないで、ハロッドの不安定性原理な

ピケティの記号では、K／Y＝β（資本産出比率、資本係数）で、Π／Y＝α（資本の分配率）であるので、W／Y＝1－α（労働の分配率）となっている。したがって、

$$g_K = s_\Pi r + s_W(1-\alpha)/\beta - \mu \qquad (1\cdot 3)$$

が成立する。一般に

$$0 \leqq s_W < s_\Pi \leqq 1 \qquad (1\cdot 4)$$

であり[5)]、ピケティによると、βは歴史的には2～7の間を変動しているが、大戦時とそれ以後の異常時を除くと5以上である。したがって、

$$g_K < r \qquad (1\cdot 5)$$

は先験的に充分成立する余地がある。（1・3）は常に成立するので$g_K<r$の関係は分配格差の原因と考えることも可能であるが、結果であるとも考えられる。

資本の分配率αが小さく労働の分配率が高い場合には、逆に$g_K>r$となる可能性がある。しかしこのような事態が長く続くと労働者も資本を蓄積することになり、労働者の所得のうち資本からの分配が上昇する。それはαを上昇させることになるので、$g_K<r$へと変化することになる。したがって、資本蓄積が正常に行われている場合は$g_K<r$となり、この事情は社会主義経済でも同じである。なぜなら生産の成果が大部分労働者に分配されても、そして労働者が貯蓄しなくても資本蓄積率がプラスである以上$g_K<r$でなければならないからである。

$g_K<r$からg＜rへ

もし$g_K=g$で、資本蓄積率と経済成長率が同じであれば、g_K／rの時、当然g＜rが成立する。しかし、g_Kとgの間には若干考慮しなければならない要素がある。

限界資本係数を$\beta'=\Delta K/\Delta Y$とすると、必要な労働量は確保できるという前提では、

$$g = \frac{\Delta Y}{Y} = \frac{\beta \Delta K}{\beta' K} = \frac{\beta}{\beta'} g_K \qquad (1\cdot 6)$$

制では政治権力をもつものが富を占有することから生じる。

それでは、ピケティの主張について統計資料の是非については検討しないで、経済理論上の観点から検討して行こう。

1．g＜r　について

資本蓄積率と資本収益率

ここでgは経済成長率であって、ある期間（年としよう）の対前年増加率である。Yを総生産高とし、Δを前年からの増加分を表す演算子とすると、$g=\Delta Y/Y$である。rは資本収益率であって、ある時点における資本ストック[1)]をKとし、利潤[2)]をΠとすると、$r=\Pi/K$で表される。

ピケティは資本主義ではg＜rとなる傾向があり、これが富の格差拡大の原因とする。この関係が持続的に成立するなら、生産の増加分が常に資本の保有者により多く分配されることになるからであるとする。[3)]

ピケティは、この傾向を長期的データで示して経験則としているが[4)]、社会会計上の原則からある程度論理的に推論できる。周知のように、生産の成果は一部消費され、その残りは蓄積される。資本ストックの増加分（事後的概念では資本形成と呼ばれる）をΔKとすると、この資本形成を誰が行うかである。生産の成果は所得として、土地・労働・資本の本源的生産要素を提供するものに分配される。ピケティにならって地主への分配（地代）を無視もしくは資本への分配に含めると

$$\Delta K=s_{\Pi}\Pi+s_{W}W-\mu K \qquad (1\cdot 1)$$

の関係が成立する。ただし、Wは労働の対価が受け取る賃金総額であり、s_{Π}、s_{W}はそれぞれ資本の所得と労働の所得に対する貯蓄率であり、μは資本減耗率である。

そうすると資本の成長率（資本蓄積率）g_Kは次のようになる。

$$g_K=\frac{\Delta K}{K}=s_{\Pi}\frac{\Pi}{K}+s_{W}\frac{W}{Y}\cdot\frac{Y}{K}-\mu \qquad (1\cdot 2)$$

APPENDIX

反・ピケティ論

道徳観念は「自然選択された」とダーウィンは考えていた。ボーム [1. p.11]

はじめに

NHK『パリ白熱教室』から生まれたトマ・ピケティの『21世紀の資本』は、ベストセラーとなり、彼の学説は一世を風靡している観がある。彼は、富や所得の格差が拡大するのは資本主義である限り宿命的なものであり、それを是正するにはグローバルなタックスヘブン政策などが必要であると主張する。この主張自体はとりわけ目新しいものではないが、そのことを説明するのに長期的で多国間の統計資料を駆使している。この地道な努力については敬服に値すると言えるだろう。しかし、彼が豊富な統計資料から帰納的に導き出したとする法則のほとんどは、社会会計上の術語・概念や定義から当然なりたたなければならないものである。そうでなければ、社会会計(国民経済計算)上の原則に合致しないと言える。このことは、ピケティが欠落したデータを外挿や内挿で補っていることからうかがえる。

ピケティが実証した法則や原理が、社会会計の原則から導かれるとすると、それらの法則や原理は資本主義に固有のものでなく、社会主義体制にもあてはまる。なぜなら、社会会計の原則はどのような経済体制であっても適応できるからである。ただし、語句や概念の名称は、例えば利潤を剰余とか資本帰属所得とかのように、置き換えなければならないかも知れない。

そうすると、すなわち、富や所得の格差がピケティが提示した法則や原理から導かれないとすると、その原因は何に求めるべきであろうか。私はそれを「富と政治権力の集中」に求めたい。資本主義社会では、富のあるものが実質的に政治権力をにぎり、社会主義体

あとがき

人間社会はこのままいけば、あと一〇〇年もつだろうか、というのが本書を書く動機である。もたないとするならどう対処したら良いのかを私なりに考えた。

人間は蒸気機関を発明し、熱エネルギーを動力エネルギーに変換する手段を手に入れ、エネルギーの桎梏から解き放され、生産能力拡大への道を開いた。生産能力は科学の発展によって技術的に裏打ちされて日進月歩で拡大した。人間は宇宙にも手を伸ばすようになった。

このことは人間に多大な恩恵をもたらしたのは事実であるが、災厄ももたらしている。能力は両刃の剣で、使い方を間違うと不幸な結果を招く。能力や技術の発達とともに、人間の精神的な向上、人間としての成熟が求められるところである。自由と人権、すなわち人間らしく生きる権利や、動植物を含めたワンヘルスの考え方が、人類普遍の価値とすることに関しては、広く認められる方向にあるが、現実は惨憺たるものである。

原因は産業革命以後、近代社会を動かしてきた「成長主義」という基本理念にあると言えるのではなかろうか。成長主義は現状よりもさらにより良い生活、より高いい満足を求めていくもので、現代社会はこのトラウマに取りつかれている。

成長そのものは悪いものではなく、時には必要なものであるが、その中身が問題である。社会の成長を目に見える形で実感するとなると経済成長になる。生活に必要な物資が豊富になり、生活を快適で便利にすることを意味するようになる。経済成長は社会の成長の代名詞になり、人々はこぞって経済の成長を目指すことになった。

産業革命以後、景気の変動や二度の世界大戦にみまわれたなかで、趨勢としては経済は成長し、人々の生活は改善されてきた。その結果、経済成長は永続するものと、そして経済成長は人々を幸福にするものと信じるようになった。成長神話の誕生である。

しかし二十一世紀を迎えて、経済成長は無限に続くものではないし、経済が成長しても人間は必ずしも幸福になるとは限らないことが自覚されるようになった。しかも、経済成長の副作用で地球環境が悪化し、人類の存続も危惧されるようになる。ここで成長主義から脱皮し、足るを知る「成熟」を意識しなければならなくなった。

本書の第1章では、成熟社会とはどのような社会かを、ガブールの成熟社会論に基づいて考えた。それは人口や物的生産の増加をあきらめても、人間社会の進化をあきらめない社会であり、物質文明の高度な段階にあり、平和で人間の特質にそった社会である。その特質とは、第一に人は苦労しないで得たものは大事にしない、第二に人は逆境に強いが安楽の境地では弱い、そして第三に人は十人十色で多様である。

第2章では、種の多様性が生態系を維持するのと同様に、文化の多様性が人間社会の持続に不可欠であるとして、文化の多様性が保障される社会体制について考えた。そこでは、人々は自分の好みに合った生活スタイルを選び、満足度を高めると同時に、人間社会の持続性が保たれることになる。複数のユートピアの世界である。

人口増加や経済の成長がなくても質の高い生活を実現するには、富を幸福に変換する能力としての文化力を磨かなくてはいけない。第3章では、その点に関して日本の伝統的文化が貢献するかどうかを検討した。この章で述べている日本文化の特質に関しては異論のあるところと思われるが、文化力との関係については一応の考察となっていると思う。読者のご意見をお願いしたいところである。

第4章では、成熟社会の人間関係、特に家族やコミュニティについて考えた。近年、人間関係の孤立化が深まっていると指摘されるが、文化力の向上という観点から、家族やコミュニティについては、従来のしきたりや制度にとらわれない多様な形態がなければならないことは言うまでもない。

私が六十年前に学生として経済学を学び始めたころは、経済成長論が盛んであった。社会の体制も経済の成長を促進するためにどうあるべきか議論がなされた。今からすれば本末転倒である。望ましい社会の実現には経済がどうあるべきかを議論しなければならない。経済が主でなく、社会が主であって、経済はあくまで手段である。

人間社会が成長主義にとらわれてこのまますすみ、核の脅威、資源の枯渇、気候不順、経済格差の拡大が如実のものとなり、人類が破滅したとしよう。この惨状を宇宙のかなたで知性ある生物が知ると、「地球の人間て、なんて馬鹿なのだろう。高度な科学や技術を開発する能力を持ちながら、滅んでしまうなんて」と思うだろう。そうならないことを願いたい。

最後に、本書の上梓をすすめていただいた山本哲士氏に感謝の意を表したい。

令和四年　霜月　小春日和

駄田井 正（だたい ただし）

1944年、大阪府堺市生まれ。大阪府立大学（現大阪公立大学）卒業。1970年に久留米大学に赴任。商学部講師・助教授・教授を経て、1994年に新設の経済学部に移籍する。経済学部長(1998~2002年)、大学院比較文化学科長（2002~2004年）など歴任。2014年に退職、久留米大学名誉教授。経済学博士。もともとは理論経済学専攻であったが、オーソドックスな経済学に疑問を持ち、文化経済学に転向する。経済学部に文化経済学科の設置（2002年開設）に尽力する。文化経済学の視点から地域の振興をめざして、1999年にNPO法人筑後川流域連携倶楽部を立ち上げ、筑後川・矢部川流域を一体的にとらえて、持続可能で質の高い生活の実現を目指してきている。著書に、『経済学説史のモデル分析』(1989)、A Framework of Economic Model in the Medium-run(1997)、『文化の時代の経済学入門』（共著）(2011)、『筑後川まるごと博物館』（共著）(2019)などがある。
目下の活動は、2018年に一般社団法人筑後川プロジェクト協会を立ち上げ、筑後川・矢部川流域のもつ自然・文化・歴史・社会的価値を経済的価値に転換することに集中している。筑後川入道九仙防のペンネームで、地域創生に関するコラムを各紙に執筆。ペンネームの著書として『九州独立と日本の創生』(2021)がある。

知の新書 J03　(Act2: 発売 読書人)

駄田井　正
成長から成熟へ
日本的文化資本の創造

発行日　2023年1月20日　初版一刷発行
発行　㈱文化科学高等研究院出版局
東京都港区高輪4-10-31　品川PR-530号
郵便番号　108-0074
TEL 03-3580-7784　FAX 050-3383-4106
ホームページ　https://www.ehescjapan.com
https://www.ehescbook.store

発売　読書人

印刷・製本　中央精版印刷

ISBN　978-4-924671-73-7
C0010

Ecole des Hautes Etudes en Sciences Culturelles(EHESC)